JOÃO FIGUEIREDO

A MINHA VIDA DURANTE
E DEPOIS DO CÂNCER

Relato de uma luta contra o câncer de próstata
descoberto, por coincidência, durante a campanha
"Novembro Azul".

Capa: Paineira durante o inverno – Foto do autor

Editoração: João Figueiredo

Dados Catalográficos

F475m Figueiredo, João.
A minha vida durante e depois do câncer/João Figueiredo. Montes Claros: Coopergraf, 2018.

1. Câncer 2. Comportamento 3. Saúde
4. Sensações 5. Solidão 6. Insegurança

ISBN 978-85-922863-1-6
CDD 610   CDU 82-94/616

Dedico

Aos meus filhos Júnior e Bruno César, razão do meu apego incondicional à vida, fontes da energia que me impulsiona a cada instante.

 A Peré (Luís Carlos Novais), meu mestre do jornalismo (in memorian: o câncer o levou).

A Frederico Mineiro, que me sugeriu escrever sobre o tema.

Agradeço à Sandra, minha esposa, e aos parentes e amigos (impossível escrever o nome de cada um neste pequeno espaço) que contribuíram, cada um da sua maneira, para o enfrentamento dos meus momentos mais difíceis.

Agradeço especialmente aos amigos:
Elpídio de Souza
Graça Carvalho
Roger Mendes
Thiago Alves
Que fizeram uma leitura prévia do presente texto e deram opiniões e sugestões a respeito.

PREFÁCIO

Eu tive câncer de próstata e não fiquei impotente sexual! Começo com esta frase de impacto para chamar a atenção para o principal mito em relação a esse tipo de câncer: o de que todos os homens acometidos por essa enfermidade automaticamente ficam impotentes sexualmente. Creio que este seja o maior temor dos homens em relação à doença, pelo menos era o meu maior temor. O medo de morrer vem em segundo lugar. Por outro lado, é preciso destacar que grande parte dos casos de câncer de próstata pode realmente gerar esse problema, apenas os casos identificados no início e tratados adequadamente não o geram – daí a importância dos exames preventivos.

Vou mostrar também neste livro que muita gente confunde o exame preventivo, especialmente o toque retal, como uma forma de se evitar contrair a doença, na verdade é um exame que permite identificar a doença na fase inicial para se proceder o tratamento: <u>toque retal não evita a doença, apenas mostra se ela está se iniciando ou não</u>.

A iniciativa da escrita e publicação do livro, como já foi citado, deu-se por sugestão de um amigo, uma das pessoas a quem o dedico (ressalte-se que foi uma das pessoas por quem eu já tinha muita consideração e que, não por coincidência, foi uma das que mais preocupação demonstrou em relação a minha saúde e se colocou à disposição durante o período mais crítico do tratamento).

O câncer, pelo seu alto índice de letalidade no passado, deixou de ser apenas uma doença e passou a ser temido como se fosse uma "entidade maléfica". A simples pronúncia do nome da doença evoca, para muitos, a sensação de pavor, daí os diversos termos usados para denominá-la: "CA", "a doença ruim", "o mal", "aquela doença", etc. Um fato inquestionável é que o tratamento, embora tenha avançado muito e possa salvar e/ou prolongar a vida do paciente, ainda tem, em muitos casos, efeitos colaterais que podem ser equiparados a uma segunda doença. Outro fato que não se pode negar é que esse tipo de câncer é um dos de maior incidência e que, apesar de ser curável nas situações mencionadas, ainda provoca óbitos no mundo inteiro.

Este livro relata uma experiência vivida por mim e, no momento que o concluí, encontrava-me na fase final do período de carência que a medicina estabelece para considerar que o paciente de fato está curado. São cinco anos, a partir da conclusão do tratamento, e com rigoroso acompanhamento médico ao paciente, com uma bateria de exames periódicos, para se considerar a cura. O leitor talvez se surpreenda com a narrativa de detalhes relativos a questões pessoais, de foro íntimo, que às vezes soam como um desabafo; na verdade, a opção por tais relatos veio após uma conversa com o colega Marcelo Adenilson, o "Carneirinho", quando eu lhe falei que estava escrevendo sobre a minha experiência com o câncer ele elogiou a decisão e disse: "Se você escrever sobre esse assunto será muito importante para nós aprendermos como enfrentar uma situação desta!".

Após essa conversa compreendi que mais do que apenas relatar o que comigo aconteceu eu deveria assumir a responsabilidade de contribuir para minimizar o sofrimento de outras pessoas que, por acaso viessem a enfrentar situação análoga. Decidi que não pouparia nenhum detalhe desta minha luta, mesmo os mais íntimos, porque são experiências que talvez um dia possam ajudar outras pessoas a encarar situações que venham a enfrentar, seja na condição de paciente ou de parente ou amigo de alguém acometido pela doença.

O leitor verá aqui relatos que denotam as mudanças que a doença opera no comportamento do paciente e das pessoas ao seu redor (é óbvio que os comportamentos citados não são uma regra, porque variam, evidentemente, de pessoas para pessoas, de casos para casos). Será tratado também da lida com o fantasma dos efeitos colaterais do tratamento, a forte tensão psicológica que se impõe sobre o paciente, a sensação de solidão e de abandono por parte de pessoas de quem se espera mais apoio, as opiniões divergentes entre médicos, as verdades e os mitos sobre a doença...

Veremos que passar pela experiência de ser diagnosticado casualmente com câncer, sem nunca ter sentido qualquer sintoma, e enfrentar as dificuldades do tratamento, algumas frustrações, decepções e temores nos transformam numa pessoa totalmente diferente do que éramos antes. A questão é investirmos para que essa experiência desagradável traga algo de transformação para melhor e para não deixarmos que aquilo que nos causou sofrimento deixe apenas efeitos negativos. Para mim, especialmente, não há o que reclamar e sim comemorar os ganhos; o que houve de desagradável na minha experiência, que aqui relato, tem o objetivo de funcionar com alerta para leitores interessados em conhecer tais nuances. Creio que manter essa relação com o ocorrido da forma mais saudável possível será um trabalho para a vida inteira.

Optei por utilizar a linguagem narrativa entremeada por poemas relacionados ao tema, como forma de tornar a leitura mais leve, menos impactante ao espírito do leitor, não obstante tais poemas tratarem o tema com a dureza que lhe é peculiar. São poemas da minha autoria, escritos especialmente para o livro (com o foco principal na mensagem em si e sem maiores preocupações com a qualidade literária de cada um).

O câncer, para mim, foi e continuará sendo uma experiência dolorosa de vida que, como toda experiência análoga traz sofrimento, mas também nos ajuda a crescer. Um fato que não se pode negar é que é muito difícil escrever sobre o tema, após ter vivenciado todas as situações aqui relatadas sem se sentir atingido, vez ou outra, pela emoção. É óbvio que tais emoções podem prejudicar, em alguns momentos, a qualidade da redação, mas isto não é motivo para eu me eximir da responsabilidade pelos erros de escrita por acaso aqui encontrados: sou o único responsável por eles.

Concluo este prefácio com um aparte ao amigo Thiago Alves Afonso, irmão na capoeira, na poesia e na luta por um mundo melhor:

Esclarecedor.
Aproveito minha "licença poética" para brincar com a palavra: esclarece a dor...
Faz-nos percorrer do preconceito e machismo ao esclarecimento, autoconhecimento, sensibilização.
João narra, disserta e verseja ao mesmo tempo suas dores e angústias, a busca por esclarecimento, tratamento, cura e por fim, otimização da qualidade de vida.
Fala sobre o câncer (palavra que muitos evitam pronunciar) de maneira objetiva, real, ao mesmo tempo com sua sensibilidade poética aflorada.
Em "A minha vida durante e depois do câncer" é possível sentir pulsar as decisões e indecisões, dores e paixões de João pai, esposo, escritor. João Macho, João João... Sentindo a dor do câncer, em múltiplas esferas (física, emocional, sexual, financeira, etc.).
E se teve medo o venceu, transformou em conhecimento. Este salva vidas, salva a vida...

certas curvas
na estrada dessa vida
deixam marcas
expõem nossos medos
fazem-nos mais fortes
beiram à morte
mostram-se pedagogas do viver
pois a vida é real, bela e cruel

DESAFIO

....
Células que não são boas
De alguma coisa servem...
E pra você que é tão forte
Que deu tiro e dá pernada
Sabe palavras boas, sábias, certas e erradas
Pra você
Que tantas vezes com a bandeira vermelha cor de
sangue
Irradiou a vida com firmes passos de quem vai à
luta
Células que não são boas
São tão pequenas
Diante de você
Que é tão grande...

Thiago Afonso Alves (Thiago Rapadura)

João Figueiredo
Montes Claros-MG,
Verão de 2017/2018

SUMÁRIO

PARTE III

A DIFÍCIL CONVIVÊNCIA COM A DOENÇA E COM OS FANTASMAS QUE A CERCAM

O NOVEMBRO AZUL

O azul aqui referido é a cor que simboliza o gênero masculino, escolhida para a campanha de conscientização sobre o câncer de próstata, que trataremos adiante. Essa também seria a coloração da energia cósmica presente nos processos vitais, segundo o médico neurologista e psicanalista austríaco, Wilhelm Reich, tema que também será tratado, ainda que de forma superficial, neste livro, por fazer parte da minha experiência com meus estudos e com a minha relação com o câncer.

Meu novembro azul começou efetivamente no dia 11 de novembro de 2014, quando fui submetido a uma biópsia da próstata, logo, não foi, para mim, um mês de simples prevenção ao câncer de próstata, foi de descoberta da doença e começava ali uma tensa luta contra o preconceito, contra os temores inerentes à doença e os efeitos colaterais do tratamento. O preconceito e a desinformação são as principais barreiras no caminho da prevenção e do tratamento da doença. Lembro-me que, naquele dia, ao entrar na sala de recuperação, após ter sido submetido à biópsia, completamente grogue em virtude da anestesia, uma mulher acompanhante de algum paciente que ali estava, perguntou indiscretamente: "que exame ele fez?". Para meu desespero minha esposa respondeu-lhe sem nenhum pudor: "exame de próstata!"; senti-me envergonhado com a resposta, mas preferi não manifestar.

Mesmo grogue pude ver a expressão da mulher entre um misto de surpresa e uma ponta de ironia. Talvez, para aquela mulher o exame de próstata fosse, como para uma grande maioria, apenas o toque retal, daí a ponta de ironia que identifiquei no seu olhar. O câncer de próstata é diferente dos demais cânceres porque, além do preconceito pelo prenúncio de morte que está associado à doença há também o preconceito pelo fato de que o órgão está localizado numa região do corpo cujo acesso mais fácil é pelo canal retal. Eu também tinha esse preconceito, não posso negar.

Recordo que, tal qual minha esposa foi desprecavida ao responder à indagação da mulher curiosa na sala de recuperação da biópsia, eu também o fui, alguns dias depois, ao falar com um velho colega de serviço sobre o assunto. Eu o encontrei depois de muitos anos sem vê-lo. Após os cumprimentos ele me perguntou como eu estava e, talvez na tentativa de desabafar, falei-lhe que estava enfrentando um pequeno problema de saúde e informei-lhe que estava com câncer de próstata. Ele me olhou assustado e perguntou-me se estava em tratamento; respondi-lhe que sim. Então veio uma pergunta que pela linguagem utilizada eu me dei conta de que havia falado do assunto errado à pessoa errada: "Isso não tem nada a ver com o cu não, tem?". Antes de responder tentei identificar sinais de sarcasmo na expressão dele, não encontrei, ele falava sério. "Não, a próstata está situada na parte de baixo da bexiga", respondi e preferi não aprofundar no assunto.

A campanha Novembro Azul 2014 estava em pleno ápice, implementada pelo Instituto Lado a Lado pela Vida em parceira com a Sociedade Brasileira de Urologia, em nível nacional, tendo como objeto a saúde masculina. O mote era: "Novembro Azul: campanha nacional de conscientização sobre o câncer de próstata –

#drible o preconceito". A campanha foi deflagrada antes de o mês de novembro chegar e tinha um significado todo especial para mim, ao contrário das campanhas anteriores, porque eu estava em pleno processo de avaliação para saber se estava ou não com o câncer. A cada vez que eu ouvia ou lia algo sobre o assunto desencadeava uma terrível ansiedade no meu íntimo; eu torcia o tempo todo para que tudo não passasse de uma simples suspeita e que se comprovasse a inexistência da doença, mas, no fundo, me preocupava com a possibilidade de ser verdadeira, porque o diagnóstico do toque retal que indicava sinais da doença fora feito por um urologista que, apesar de jovem, já era reconhecido pela sua larga experiência no assunto: eu torcia para que ele estivesse errado, afinal, todo mundo é passível de erro, mas sem me agarrar com muito entusiasmo a essa hipótese. Dois anos antes, na época que eu fizera o exame de toque retal pela primeira vez, eu havia publicado uma matéria no jornal "O Debate" sobre o câncer de próstata com uma entrevista dele. Eu sabia da sua capacidade enquanto médico e isto fazia com que o seu pré-diagnóstico se tornasse, para mim, ainda mais assustador. O médico não estava errado, conforme comprovaria o resultado da biópsia, e o meu novembro azul lembrava mais um firmamento cinzento, nebuloso, carregado de densas e faiscantes nuvens escuras, prenunciando uma tempestade – essa sensação me levaria a posteriormente escolher para a capa uma foto com essas características que eu tinha guardada nos meus arquivos.

A campanha não falava de tratamento e sim da prevenção. Talvez isto fosse o que mais me incomodava quando via as publicidades: eu não estava em fase de prevenção, eu já era portador da doença e dependia de tratamento. E queria sobreviver porque havia muitos projetos inacabados que eu precisava concluir. Para um crente seria o momento de orar, pedir proteção a um ser supremo; para mim não havia alternativa senão procurar a proteção da ciência e na força da minha vontade de viver. O momento era de buscar paz de espírito para conseguir forças para enfrentar o vendaval que enfrentaria pela frente, mas eu tinha que fazer isto sem me envolver com práticas religiosas, porque isto soaria falso, já que não tenho crença, e certamente me faria mais mal do que bem. Concluí que seria melhor deixar a busca da paz de espírito através dos ritos para quem os pratica habitualmente. Convenci-me de que precisava olhar tudo com os olhos de quem vê pela frente um campo de batalha sem qualquer possibilidade de estratégias de recuo: a saída era seguir em frente, encarar a batalha, morrer ou sobreviver, mas sem recuar em nenhum momento; e foi com essa sensação que eu investi no meu tratamento, buscando forças onde elas estivessem, inclusive na sensação de fraqueza e de abandono pelo afastamento de alguns amigos e parentes mais próximos que senti em alguns momentos.

Naquele momento, de grande tensão e incertezas, conversei com algumas pessoas mais próximas, entre parentes e amigos, sobre o assunto. Creio que o fiz, inconscientemente, em busca de palavras de conforto. Um amigo já citado, o Frederico Mineiro, atualmente professor da UFMG, companheiro desde os tempos de militância no Movimento Estudantil, me sugeriu escrever sobre a situação que estava vivendo. Gostei da ideia porque escrever é uma coisa que adoro fazer e iria funcionar como uma psicoterapia; comecei, então, a registrar os acontecimentos.

O SUSTO

O vendaval que trouxe o susto
Trouxe também a solidão
- algumas pessoas mais próximas
inclusive parentes próximos
não estavam tão próximos
quando olhei na direção deles.
O medo do susto assusta
e afasta as pessoas.
Andei dias a fio
pelo massapê escorregadio
Andei por ruelas e becos íngremes
e poucos iluminados.
Tive que aprender a caminhar sozinho
Tal qual criança órfã e desamparada
Enfrentei o medo de chorar
(o choro pode ser um consolo).
A morte é sempre um susto
O susto é a sensação de que a morte ronda

Ainda que um simples fantasma além da colina
ou atrás da cortina que embaça o olhar.
A atenção de outros estava ocupada
Olhares pelas vidraças enevoadas
Das confortáveis salas de estar.
Do outro lado
Havia pouco tempo disponível
Para se pensar além da soleira
Rotina massacrante e ensimesmada
Enlace do ego com os próprios sonhos
Vaidade esconsa
sob o véu de um cotidiano avassalador.
Aulas inesquecíveis de como andar sozinho
Quase sem rumo
E quase sem prumo.
Dor que ensina e educa
Lava a alma como chuviscos despretensiosos
que lavam o para-brisa.
Preparação diuturna para a vida e para a morte
Aprendizado pela pedagogia da dor.
Aprendi a olhar o susto nos olhos
Disfunção não é uma entidade
Hoje eu digo seu nome sem o temor
de ser castigado.

JF

O SIGNO DO CÂNCER

"De repente, não mais que de repente"
(Parodiando Vinícius)
Tal qual qualquer surpresa
Que surge depois da curva
Apareceu o câncer.
Sorrateiro, como uma serpente
Que desliza sem ser percebida.
Ele já não é mais uma doença:
Dele se fala baixinho
Evita-se citar o seu nome
Por medo de acordá-lo.
Tornou-se uma entidade
Possível morte prematura
Possível fim de projetos ainda não realizados.
Diante dele pessoas se arrependem
Do que fizeram ou deixaram de fazer
Ah, como eu gostaria de ser normal!
De ter a reação das pessoas normais!
A médica beata disse:

— Foi Deus que deu este câncer para você crescer,
tornar-se mais humilde, mais humano...
— Não, dar um câncer de presente a alguém
é pura filhodaputice e se Deus fizesse isto
Ele seria um grande filho da puta.
— Tá louco, não fala assim de Deus!
— Sou livre para falar o que quiser ou Deus
é um ditador que proíbe a liberdade de expressão?
— Não, Deus não pode ser comparado
a seres humanos, ele está acima de tudo.
— Então não foi ele que me deu o câncer;
quem é superior não pratica filhodaputice,
foi tudo um acidente do qual estou tentando sobreviver
e é por isto que te procurei, quando eu quiser falar de
Deus
procurarei um sacerdote.
— Mas os médicos apenas abrem portas, quem cura é
Deus...
— Talvez sim, talvez não, mas aqui eu quero ser tratado
pelo
viés científico, que é pago e não é barato;
pelo viés religioso ou espiritual posso fazê-lo lá fora
e sem custos... ou quase sem...
— Então vamos cuidar do seu presente
— Você está se referindo ao tempo ou à suposta
dádiva?...

JF

PARTE I

A DOENÇA

Se se perguntar a qualquer pessoa sobre a importância de se estar gozando de boa saúde ela responderá algo do tipo "saúde é fundamental". Todos sabem disto. Mas, só se percebe de fato a importância da boa saúde quando se está doente. Pode ser uma simples gripe, um simples mal-estar, que imediatamente nos remete à percepção do quanto é bom estar saudável; e quando se fica sabendo que está doente de câncer, a notícia chega como uma tragédia em andamento. Foi o que aconteceu comigo.

Já há alguns anos eu fazia os testes preventivos do câncer de próstata. O teste sanguíneo dos níveis do PSA (sigla em inglês de Prostate-especific antigen - Antígeno Prostático Específico) e, ao chegar aos cinquenta e quatro anos de idade, o toque retal. Sempre normais. O PSA, embora tenha uma denominação referente à próstata, existe em outras partes do corpo, inclusive no organismo das mulheres. É definido como uma enzima (glicoproteína) cujos níveis podem variar de acordo com determinados fatos, inclusive na presença de tecidos cancerosos. O aumento do nível dessa enzima no sangue não é comprovação da presença de câncer, mas é tomado como um indício de anormalidade que pode ser tal doença.

Após o primeiro toque retal eu fiz o exame de sangue para avaliação do nível do PSA no ano seguinte e, por ter apresentado resultados considerados normais não fui ao urologista, apenas mostrei-o à médica, clínica geral, que o solicitara. Creio que, inconscientemente, eu fugira da possibilidade de ser novamente submetido ao toque retal que é um exame para o qual os homens da nossa cultura não são preparados psicologicamente para serem submetidos. Um homem da nossa cultura só aceita o fato de ser submetido a esse exame quando é convencido que por questão de idade ou casos da doença na família encontra-se em grupo de risco de contrair a doença, e o aceita como um procedimento que pode detectar o câncer de próstata em fase inicial; ainda assim, não se sente nada confortável para fazê-lo. Um detalhe que vale a pena citar é que muita gente acredita que o toque retal, *per si*, previne o câncer de próstata: na verdade ele detecta a doença e, se feito regularmente, pode fazer a detecção no início do acometimento, o que facilita sobremaneira o tratamento, com aumento das chances de sobrevida e de cura real do mal, conforme citamos no prefácio desta edição.

Lembro-me que na minha adolescência falava-se muito em DST (Doenças Sexualmente Transmissíveis) e se dizia que quando se adquiria uma gonorreia, por exemplo, e se esta não fosse tratada adequadamente gerava "calos" (bolhas cheias de pus) na próstata e que a única forma de se tratar seria o toque retal com o objetivo de romper essas bolhas e promover a cura. Havia, na época, um temor generalizado entre os homens, tanto adolescentes como adultos, de algum dia terem que ser submetidos ao famigerado toque retal. O toque, neste caso, seria uma forma de tratamento (isto obviamente era uma criação do imaginário popular) e não um exame como o utilizado para detecção do câncer de próstata, embora, muita gente acredita, ainda hoje, que ele seja uma forma de tratamento do câncer de próstata.

A primeira vez que fui submetido ao toque retal foi algo terrível. Os momentos que antecederam a consulta, durante a espera foram de tensão que eu tentei disfarçar lendo um livro que levava comigo – na verdade não li, apenas passei os olhos sobre as páginas: não conseguia me concentrar na leitura. Quando saí do consultório estava com a sensação de que havia sofrido algum tipo de agressão e que deveria me resignar; ao passar pela sala de espera onde havia várias pessoas de ambos os sexos esperando para serem atendidas pelo médico que me examinou ou por outros que ali atendiam em salas diferentes (a sala de espera era a mesma para três consultórios), tive a impressão de que todos que ali estavam haviam presenciado a minha submissão ao exame. O fato de o médico nesse primeiro exame não se ater apenas ao toque retal, tendo examinado cuidadosamente o pênis e todo conjunto da genitália, ajudou um pouco na aceitação do exame, creio que quando o exame se estende aos órgãos genitais fica mais evidenciada a ideia de que se trata mesmo de um exame e foge do clichê que associa o toque retal a práticas homossexuais. Existem comentários mordazes de que alguns médicos se aproveitam do momento desse exame para usufruir de sensações eróticas que lhes acompanham em decorrência de taras pessoais. Após esse primeiro exame, o médico me falou de um discreto aumento da próstata, mas que aquilo ainda não demonstrava sinais de malignidade, porém, que eu deveria voltar seis meses depois para acompanhamento. Esse acompanhamento, obviamente, incluía um toque retal a cada consulta, isto é, a cada semestre. Não voltei nos seis meses depois nem no ano seguinte, como já disse, depositando a minha confiança nos exames anuais de PSA; só voltaria a consultá-lo dois anos depois, em agosto de 2014.

Em junho de 2014 eu fiz mais uma vez o exame do PSA. Por descuido, não cumpri as setenta e duas horas de abstinência sexual antes da coleta do sangue. A moça que fez a coleta me perguntou se havia cumprido a prescrição e, diante da resposta negativa, ela aconselhou que eu cumprisse tal prescrição e voltasse depois; insisti que iria viajar e que não poderia esperar. Ela, então, aceitou coletar o sangue com a condição de que se o resultado apresentasse alteração que eu solicitasse ao médico outro pedido para que se fizesse novo exame. Aceitei a proposta. O resultado deu alterado: o PSA estava acima do normal, deu 4,008 ng/ml (o limite máximo aceito como normal é 4,0 ng/ml). A médica que havia pedido o exame me encaminhou ao urologista, mas eu não fui porque tinha certeza (ou pensava ter) de que a alteração estava associada ao fato de eu não ter cumprido a abstinência sexual nos dias que antecederam o exame, haja vista que eu não apresentava nenhum sintoma que poderia indicar a doença.

Um segundo fato contribuiu para que chegássemos ao diagnóstico da doença por mero acaso. Nesta época eu fui acometido de um problema intestinal que me incomodava muito; todos os dias pela manhã eu tinha em média de três a quatro evacuações num período de aproximadamente duas horas sem apresentar necessariamente as características de diarreia, embora houvesse a sensação de que se eu não fosse logo ao banheiro haveria uma incontinência intestinal. O fato me incomodava de tal forma que eu sempre organizava meus compromissos sempre considerando a situação, isto é, nas primeiras duas horas após me levantar eu procurava ficar próximo ao banheiro. O incômodo dessa situação me fez pensar em consultar um especialista, mas eu vivia protelando essa decisão. Como eu estava me preparando para uma viagem de ônibus à praia, com duração aproximada de quinze horas, numa excursão com minha família, passei a me preocupar com o fato de que poderia passar por uma situação vexatória durante a viagem. Procurei um gastroenterologista que suspeitou de *Síndrome do Intestino Irritável* ou *Síndrome do Colo Irritável*, ele me receitou um medicamento chamado *Duspatallin* para ser usado por três meses seguidos, caso as primeiras doses apresentassem resultado positivo e solicitou um exame de ultrassom do abdômen. O uso do medicamento mostrou-se positivo fazendo desaparecer o incômodo e o exame de ultrassom nada mostrou de anormal no intestino, contudo, mostrou que a minha próstata estava com tamanho e peso acima do normal; o médico que realizou o exame, um nissei muito atencioso, falou disto, perguntou se eu tinha alguma dificuldade para urinar, jato entrecortado, micção em sequência como se nunca esvaziasse a bexiga, ardor na uretra, etc. Respondi que não e ele afirmou que poderia não ser nada grave, mas que mesmo não havendo os sintomas de câncer de próstata eu deveria procurar um urologista o quanto antes, porque há quadros da doença que são assintomáticos, difíceis de ser identificados justamente pela ausência de sintomas e que quanto mais cedo identificados mais fácil se torna a cura. Essa conversa com o médico ultrassonografista me deixou um pouco preocupado.

Só consegui agendar uma consulta com o urologista para o dia quatro de outubro de 2014, mais de um mês depois da conversa com o ultrassonografista. Ao verificar a minha ausência por dois anos, através do controle nos seus arquivos, ele demonstrou-se irritado: "você ficou dois anos sem fazer o controle, sendo que eu te disse que deveria fazer isto a cada seis meses", disse com ar de desagrado. Fiquei calado; não havia o que dizer. Ele falou da necessidade de nova submissão ao toque retal e, desta vez, tive a impressão de que ele fora mais agressivo tanto nos modos de se expressar como na própria realização do exame físico. Ficou a impressão de que ele me submeteu a uma espécie de castigo físico por não ter cumprido suas recomendações – posso estar equivocado, talvez não tenha sido nada disto, mas essa impressão ficou. Ele falou-me ao final, após eu recompor as vestimentas, de que eu estava com câncer. Disse e calou-se, como se aguardasse que eu digerisse a notícia.

O mundo pareceu desabar sobre a minha cabeça. Perguntei-lhe se tinha certeza e ele respondeu com poucas palavras de que certeza não havia, mas que tinha quase certeza, o que seria confirmado através da biópsia que iria solicitar. Restou-me perguntar, talvez por não ter nada mais a indagar, se haveria possibilidade, ainda que pequena, de não ser câncer, e ele deu uma resposta monossilábica afirmativa. Saí do consultório e, desta vez eu não tive a sensação de que as pessoas que ali estavam haviam presenciado o exame, porque sequer percebi se havia alguém lá; apenas atravessei a sala olhando somente por onde eu caminhava, ou melhor, como se não houvesse nada ou ninguém além do espaço por onde seguiam meus passos.

* * *

O câncer é uma doença que ao longo dos tempos até a pronúncia do seu nome tem sido evitada: talvez por influência de algumas crenças de que as nossas palavras seriam ouvidas por entidades onipresentes, boas e más, que teriam o poder de interferir nas nossas vidas; da mesma forma, muita gente age como se acreditasse que a simples pronúncia pode atrair a doença para quem está falando. Não há dúvida que tal comportamento em relação à doença tem a ver como o fato de que ela ao longo dos tempos passou a significar a morte, ou seja, é uma doença que sempre esteve associada à morte mesmo nos tempos atuais com todos os avanços da medicina. O câncer de próstata em sua fase inicial é considerado uma doença curável e menos agressivo em relação a outros tipos de cânceres. Porém, os efeitos colaterais do seu tratamento, para um homem relativamente vaidoso, podem assustar mais do que a possibilidade de se morrer em virtude da doença.

Há casos que o tratamento do câncer de próstata pode resultar, além de outras questões, em impotência sexual total, que não se resolve com uso de medicação. Em casos assim o paciente tem como única opção a implantação de prótese peniana, caso queira continuar com vida sexual ativa. Existem dois tipos básicos de próteses penianas: uma haste de silicone implantada no interior do pênis, de forma que ele fique em estado permanente de ereção, com maleabilidade suficiente para uma acomodação razoável sob as vestes durante as atividades cotidianas, e outra que, ao invés da haste, é implantado um tubo inflável no interior do pênis, ligado a uma pequena bomba implantada no escroto, no lugar de um dos testículos, de forma que ao ser comprimida a bomba injeta ar no tubo e provoca a ereção; a volta ao estado de repouso depende de um movimento específico com a citada bomba para o esvaziamento do tubo. Na fase em que eu buscava a forma de tratamento que melhor me atendesse, estudei sobre essas próteses e, cada vez que eu retomava o tema, ficava mais aterrorizado diante da hipótese de ter que usar uma delas. Além do caráter invasivo, as mais recomendadas na época tinham preços por volta de 50 a 60 salários mínimos do país.

A biópsia foi realizada no dia 11 de novembro, mais de um mês depois do diagnóstico pelo exame do toque retal (não consegui agendar para antes disto). Recebi o resultado da biópsia no dia 18 do mesmo mês. Foi um momento difícil. Eu apanhei o envelope no laboratório e preferi não abri-lo enquanto não chegasse em casa. Ao chegar, meu filho Bruninho, de dois anos e meio de idade criou várias situações para chamar a atenção no momento em que eu abria o envelope acompanhado da minha esposa – só depois eu fui entender que ele certamente percebeu a minha ansiedade em tentar decifrar o resultado e começou a chamar a atenção para ele; eu o pedi para ir brincar na sala (estávamos no quarto) e ele se recusou; briguei com ele para que me atendesse e ele foi para a sala resmungando, demonstrando estar muito contrariado. Eu sempre procurei dar o máximo de atenção aos meus filhos, mas naquele momento não consegui conter-me e fui brusco ao falar com Bruninho; o Juninho (de sete anos) me pareceu preocupado ao ver o pai e a mãe tensos, mas não se intrometeu: ficou brincando na sala. Fui ao computador e acessei a internet para buscar o significado de alguns termos existentes no resultado do exame, tais como neoplasia, adenocarcinoma, etc. Sandra, minha esposa, acompanhava a pesquisa mais ansiosa do que eu. Não havia dúvida, após uma pesquisa por alguns sites especializados cheguei a uma conclusão e dei a informação a ela: "Eu tô com câncer!". "Tá?!", respondeu ela como quem não acredita no que está ouvindo.

Ao tentar agendar o retorno ao urologista esbarrei no atendimento de uma recepcionista intransigente que não se dispôs a tentar resolver a situação e só agendou a consulta para mais de um mês depois – justiça seja feita, havia no consultório duas recepcionistas: uma tremendamente competente, atenciosa, gentil e solícita; a outra era o contrário, desde o meu primeiro contato com ela eu a julguei como alguém que estava na profissão errada, e foi esta segunda que me atendeu para agendar o retorno após a biópsia.

Tendo que aguardar mais de um mês pela frente e sem saber o que fazer com a tensão que me acompanhava, agendei uma consulta com uma oncologista que atendia pelo meu plano de saúde para mostrar-lhe o resultado da biópsia. O critério para a escolha do nome foi a agenda do médico com disponibilidade para atender o mais rápido possível. Consegui uma consulta para o dia seguinte. Na clínica em que a médica atendia esperei por mais de duas horas além da hora marcada para ser atendido porque ela se atrasou para chegar ao consultório. Minha ansiedade estava chegando ao limite. Ao chegar minha vez, entrei num consultório todo decorado com imagens católicas: havia estatuetas de santos (e santas) sobre a mesa, nas paredes, enfim, para tudo quanto é lado. Durante o atendimento a minha primeira decepção: a médica me perguntou qual era a minha religião. Percebi que não ia agradar. Disse que não tinha religião. "Mas você não é ateu, não é? Nem judeu, certo?". Para não criar um conflito respondi apenas com um "não". Foi aí que ela disparou sua bazuca enquanto olhava o resultado da biópsia: "Foi Deus que pôs esse câncer na sua vida para você mudar seu comportamento, para você crescer. Você vai ver como sua vida vai mudar para melhor e você vai se aproximar da salvação". Não aguentei e quando eu me dei conta já havia rebatido: "Se foi Deus que fez isto, então ele foi sacana comigo! Havia muitas outras formas de ele me ajudar a crescer..." Ela esbugalhou os olhos e disse em tom de alerta:

"Você não pode falar assim de Deus, ele sabe o que é melhor para todos nós! A dor é o maior aprendizado que ele coloca no nosso caminho. Não faça isto!". Disse ser católica praticante, mais que isto, chegou a usar o termo "beata" para definir sua relação com a religião. Decidi naquele momento que havia procurado o profissional errado; eu não iria confiar nela para tratar de mim depois daquele debate – ficaria sempre a sensação de que o tratamento poderia ser direcionado para proporcionar os efeitos da pedagogia divina que ela acabara de se referir. Ela fez três pedidos de exames que seriam para indicar o grau da doença e estabelecer o tratamento adequado: Raio X do tórax, Tomografia computadorizada da pelve e Cintilografia Óssea. Fiz os exames, mas com o propósito de não mais retornar ao consultório dela.

Antes de iniciar o tratamento desabafei-me, por telefone, com um amigo sobre as dificuldades que estava encontrando para enfrentar a nova situação. Julguei que estava fazendo o certo em procurá-lo porque se tratava de pessoa que enfrentara grandes dificuldades na sua vida, especialmente relacionadas a problemas de saúde. Sempre considerei que as dificuldades, por mais dolorosas que sejam, têm a virtude de nos conduzir para o amadurecimento e nos fortalecer. Ele me ouviu, deu algumas opiniões que julguei maduras e oportunas, como esperava, contudo, no final da conversa, quando se despedia, ele fez um chiste, certamente com o intuito de provocar uma descontração, uma vez que a conversa tinha girado o tempo todo sobre coisas desagradáveis. Disse-me: "Cuidado para você não se apaixonar pelo médico!" e desatou a rir. Referia-se, obviamente, de maneira indireta, ao exame do toque retal.

Em outras circunstâncias, mesmo não concordando com o pensamento que estava por trás daquela brincadeira, eu teria ensaiado alguma diversão com o chiste, mas, naquele instante eu não achei a menor graça no que ele me disse; fiquei desconcertado e me limitei a responder-lhe: "há médicos e médicas envolvidos nesse processo; o toque é extremamente desagradável, seja ele feito por profissional do sexo masculino ou feminino. Os exames são muitos e cada um mais desagradável que o outro; eu tenho que estar preparado para conviver com eles e enfrentar as dificuldades que virão em decorrência da doença e do tratamento." Ele se desculpou, reconheceu que fez uma brincadeira inadequada, me desejou boa sorte, referiu-se ao poder de Deus e afirmou que este está na frente de tudo, e nos despedimos.

Aquele amigo tivera a intenção de provocar uma descontração, mas foi infeliz com a sua brincadeira porque eu não estava com a menor disposição para tal. Ademais, a brincadeira, como tantas outras do gênero, mostra um pensamento, do qual já falamos, que associa diretamente o exame de toque retal com prática homossexual, o que demonstra total ignorância sobre o tema. Antes da doença eu já não conseguia ver relação entre uma coisa e outra – embora tivesse resistência em fazer o exame –, mas como sempre convivi com pessoas afeitas a tais brincadeiras eu às vezes disfarçava com um sorriso ou até dando um pequeno reforço no comentário. Depois da doença essas brincadeiras passaram a me incomodar muito mais, especialmente porque vulgarizava um assunto que eu agora reputava como seríssimo já que envolvia a minha sobrevida.

Houve também o caso de outro amigo, uma pessoa que me ajudou muito durante a fase de tratamento, pelo que sou muito grato a ele, mas que tinha um hábito que me incomodava muito: ele costumava comentar naturalmente, na minha presença ou não, com pessoas que eu não tinha intimidade, sobre a minha doença. Naquele momento eu não me sentia à vontade para falar sobre o assunto com pessoas com as quais eu tinha pouco contato nem me sentia bem em saber que outras pessoas falavam da minha situação. Esse amigo também era portador de uma doença grave, da qual muita gente tinha conhecimento, e eu cheguei até a me perguntar se a atitude dele não era uma forma inconsciente de desviar a atenção da sua doença, mostrando que outra pessoa do mesmo círculo de amizade também estava doente. Nunca falei com ele sobre esse incômodo, talvez pelo receio de ofendê-lo, mas reconheço que o certo seria eu lhe ter dito o quanto eu me sentia incomodado com tais atitudes.

A PEDRA

Ela não estava no meio do caminho
Como nos versos do poeta-maior.
A pedra surgiu do nada
Sem qualquer sinal de alerta
De encontro ao meu destino.
Veio abrupta como um meteoro
Que cai célere do espaço sideral
Ou como se atirada certeira e danosa
Por alguma catapulta invisível.
Trouxe consigo o aperto no peito
E a sensação de que o chão fugiu sob os pés.
Abriu feridas novas e reabriu feridas de décadas

Fez a minha vida descer descontroladamente
Em queda livre e girando em parafuso
Tal qual um pássaro
Covardemente abatido a tiros durante o voo.
Parecia um castigo vindo do desconhecido:
Uma travessura de algum ente sobrenatural
Cínico, pervertido e desatinado.
Veio de dentro, do íntimo
Como um tufão que dilacera a alma.
Não era uma pedra fixa à espera de um tropeço
Não estava parada no meio do caminho
O encontro foi acidental e gerou cicatrizes.
Tenho que aprender a conviver com essas marcas
Pois elas permanecerão por toda a minha vida.

JF

PARTE II

O TRATAMENTO

Enquanto aguardava os resultados dos exames da médica beata, consultei um médico cirurgião, da equipe de oficias médicos da PM que já me havia operado de uma hérnia umbilical; a consulta foi por indicação de um amigo comum a nós dois, o Felício, Bombeiro Militar da Reserva Remunerada e amigo meu dos tempos de adolescência. O médico examinou o resultado da biópsia e disse que achava que no meu caso seria a cirurgia o tratamento indicado. Foi mais uma paulada que recebi – a ideia de cirurgia não agradava nem um pouco, especialmente pelos riscos normais do procedimento e pela possibilidade de gerar como consequências incontinência urinária e impotência sexual. Contudo, ele me animou com a informação de que possivelmente no meu caso não seria necessário extirpar toda a próstata e sim apenas a parte lesada, o que, apesar de gerar a esterilidade, não geraria as consequências citadas a não ser durante pouco tempo no pós-operatório. Acrescentou que eu ficaria com o chamado "gozo seco", haveria orgasmo, porém, sem ejaculação, mas sem comprometimento da performance sexual.

Outro amigo meu, o jornalista Luís Carlos Gusmão, o "Lunga Tunga" ou simplesmente "Lunga", me aconselhou a fazer contato com um amigo que temos em comum, o Tatá, funcionário da Secretaria Municipal de Saúde, uma vez que este conhecia muita gente da área de saúde, para pedir opinião sobre algum profissional a ser consultado nessa fase. O tatá me aconselhou a conversar com um médico amigo dele, que também era meu conhecido desde os tempos de Movimento Estudantil, que vinha desenvolvendo estudos sobre os tratamentos do câncer de próstata e que tinha uma visão bastante progressista sobre o tema. Eu e Tatá conversamos longamente sobre o mercantilismo presente na atitude de alguns médicos que colocam a cura em si em segundo plano, tendo como prioridade ganhar dinheiro; discutimos o fato de que o Ministério da Saúde, através do SUS, estava pagando relativamente bem por alguns procedimentos médicos, dentre eles as cirurgias de próstata, o que despertava o interesse dos ditos médicos mercantilistas.

A conversa com o médico amigo de Tatá foi informal. Por razões que o leitor entenderá ao ler este parágrafo, não citarei o nome desse médico aqui. Procurei-o no seu setor de trabalho e ele foi extremamente franco e corajoso. Digo corajoso porque não é comum médicos admitirem a existência de comportamentos questionáveis por colegas de profissão, sob a alegação de se tratar de postura ética – neste caso não seria ética e sim corporativismo. Admitiu a existência de interesses financeiros na opção de alguns médicos por determinados tratamentos e apontou a cirurgia como um procedimento altamente invasivo. Sugeriu que eu buscasse outras opiniões de especialistas e atentasse para as justificativas de cada um; falou, inclusive, do acompanhamento monitorado, em que apenas se medica e acompanha a evolução da doença. Saí de lá bem mais animado, ou melhor, reanimado.

Quando consegui ser atendido novamente pelo meu urologista este não demonstrou nenhuma surpresa com o resultado: já o esperava, como excelente médico urologista que é, conforme citei anteriormente, confiava no seu diagnóstico e, nesse ponto, eu não posso deixar de mais uma vez elogiá-lo. Não concordei, entretanto, com a proposta de tratamento dele e, inclusive, não a aceitei, por razões que veremos no decorrer deste livro. Falei-lhe que tive dificuldades para agendar o retorno com sua recepcionista e que havia consultado outros médicos (sem citar nomes) por me sentir sem ter a quem recorrer em busca de informações. Ele se desculpou dizendo que já havia orientado as recepcionistas para priorizarem o atendimento no caso de retorno com resultado de biópsia e que, no meu caso, elas não cumpriram. Desta vez foi atencioso comigo; já não havia os sinais de descontentamento da última consulta. Reafirmou que o ideal seria a cirurgia. Eu insisti se não havia alternativa que aliasse eficiência e menos invasão, ele fez algumas críticas à segunda alternativa que seria a radioterapia; citou que além de oferecer os mesmos riscos de impotência sexual e incontinência urinária havia ainda os riscos de irradiação da bexiga, uretra, intestino, região anal, etc., com suas respectivas consequências. Disse ao final que naquele momento o que ele poderia fazer antes da cirurgia era solicitar a revisão de lâminas da biópsia. Fez o pedido e deixou em aberto o meu retorno.

Entreguei o pedido de revisão de lâminas ao laboratório e poucas horas depois recebi um telefonema de uma atendente deste que, após se identificar, disse: "Você deixou aqui um pedido de revisão de lâminas, o dr. Fulano disse que o resultado é aquele mesmo e que não há outro procedimento a ser feito!". Tive a nítida impressão de o médico que assinara o resultado da biópsia não gostara do pedido de revisão do seu trabalho – confesso que essa atitude não me surpreendeu, porque aprendi na minha cinquentenária experiência de vida que quase sempre estamos cercados de pessoas vaidosas, arrogantes, que se acham sempre com a razão e não admitem questionamentos, em todas as áreas de atuação humana, e nas profissoes que elevam o poder do profissional sobre a liberdade ou a vida de outrem, essas pessoas frequentemente se tornam ainda mais vaidosas e prepotentes, muitas vezes sob um manto de personalidade justa, altruísta e benevolente. Perguntei à atendente se o médico iria me dar apenas uma resposta verbal ou se haveria um laudo com tais informações; ela me pediu para esperar um pouco, pareceu consultar alguém, e depois disse que o laudo ficaria pronto dentro de alguns dias e que ela me telefonaria quando estivesse pronto. Quando fui avisado e busquei o resultado percebi que recebera o mesmo resultado anterior, sem qualquer informação de que se tratava de revisão de lâminas; parecia que até se fizera apenas uma reimpressão do primeiro resultado...

Enquanto eu aguardava o resultado da revisão das lâminas consultei, por sugestão do Lunga, o Dr. Levindo Tadeu no Hospital São Lucas. O Dr. Levindo viu os exames que eu tinha em mãos, dentre eles a biópsia. Falei-lhe dos outros exames em andamento e que estava com consulta agendada com a Dra. Lucianne Maia. Ele disse que certamente a Dra. Lucianne solicitaria o exame de imunohistoquímica da biópsia; falou sobre as possibilidades de tratamento, disse que não iria realizar o toque retal e que gostaria que eu voltasse quando estivesse com o resultado dos outros exames encaminhados; disse que no caso de risco baixo como era o caso apresentado pela biópsia o tratamento indicado seria a cirurgia e que, se confirmasse mais lesões que configurasse o risco intermediário, o tratamento poderia ser radioterapia associada a injeção de hormônios ou cirurgia.

Dias depois da consulta ao Dr. Levindo Tadeu, consultei a Dra. Lucianne Maia, do Centro de Radialis da Santa Casa, por indicação do Felício e também de Lunga. Médica simpática, atenciosa, não questionou quando lhe falei que já havia buscado outras opiniões sobre o meu problema e estava ali para ouvir a dela. Ela disse: "Tudo bem, então deixe para me falar da opinião dos outros depois que eu verificar os exames e der a minha opinião; não quero que pareça que fui influenciada por A ou B". Achei louvável a sua conduta, e assim foi feito. Ela era de opinião de que como na biópsia havia indicado a existência da lesão em cerca de 5% de um dos fragmentos do Ápice Direito da próstata, que havia suspeita não confirmada num fragmento do Ápice Esquerdo e ausência de malignidade nos demais fragmentos (12 ao todo) o ideal seria não apenas a revisão de lâmina, mas também o exame de imunohistoquímica do fragmento suspeito.

Fez o pedido do exame. Disse que se confirmasse o primeiro resultado da biópsia o meu caso seria de risco baixo e que, neste caso a indicação seria a cirurgia. Se se confirmasse a lesão no fragmento suspeito passaria a ser risco intermediário e aí o tratamento indicado seria radioterapia associada a injeção de hormônios. A opinião dela coincidia com a do Dr. Levindo. O curioso é que quando se parece que a lesão é mais simples o tratamento é mais invasivo: a cirurgia. Ela explicou que o risco intermediário exige esse tipo de tratamento e acompanhamento para ver se não há contaminações de outras áreas. Fiquei de voltar com o resultado dos exames que faltavam – os solicitados pela médica beata.

Recebi o resultado da revisão de lâminas o levei ao meu urologista. Desta vez fui atendido sem burocracia, especialmente depois de dizer à recepcionista que o médico deixara em aberto o meu retorno, porque da última vez eu fora prejudicado pelo fato de não se ter dado a agilidade que a situação exigia para o retorno. O médico disse haver sido confirmado que haveria necessidade da cirurgia tão logo decorresse o prazo de três meses da biópsia. Eu lhe falei da conversa que tivera com a Dra. Lucianne e da opinião dela sobre o tratamento radioterápico associado com hormônios se se confirmasse o grau de risco intermediário. Ele disse categoricamente: "Discordo dela! Você é muito novo para esse tipo de tratamento, isto só é indicado para pessoas mais velhas! Além do mais, quem trata das consequências do tratamento radioterápico nestes casos somos nós, urologistas!".

Emitiu as guias para avaliação pré-operatória e para a execução da cirurgia a serem autorizadas pelo meu plano de saúde; recomendou-me que buscasse as autorizações o mais rápido possível e deixasse com ele uma fotocópia para o seu controle; ao lhe questionar sobre a necessidade da autorização com mais de um mês de antecedência, a qual teria seu prazo vencido antes do procedimento uma vez que vale apenas por trinta dias, ele falou que não teria problema porque poderia ser revalidada. Disse-me em tom de quem orienta comportamentos: "Você precisa desenvolver a capacidade de tomar decisões porque a sua doença exige isto. Não deve ficar protelando nem perguntando a um e outro sobre o que fazer, principalmente radiologistas. A sua situação exige decisão e início do tratamento". Saí do consultório com a sensação de que o médico tinha pressa em realizar a cirurgia e fiquei a me perguntar o porquê; será que a preocupação dele era exatamente a que demonstrava ou haveria algo mais? Será que existe uma competividade entre cirurgiões e radioterapêutas em relação ao tratamento de câncer de próstata?

Decidi esperar o resultado do exame imunohistoquímica e o retorno à Dra. Lucianne e ao Dr. Levindo, para depois ver a questão da autorização dos procedimentos. Na verdade, eu continuava com dúvidas e os temores de escolher o tratamento inadequado. O Lunga me sugeriu conversar com o Dr. Athos Avelino. Médico amigo nosso, em cujo mandato de prefeito municipal de Montes Claros havíamos trabalhado; não era especialista no assunto, mas poderia ajudar na procura ao tipo de tratamento e dos profissionais mais indicados. Dr. Athos verificou todos os exames apresentados, fez anotações sobre os dados necessários e disse que conversaria com o seu urologista pessoal sobre o problema e que me daria uma resposta. Uma semana depois ele me ligou. Falou basicamente aquilo que eu já havia ouvido: na minha idade a primeira opção seria a cirurgia que é o tratamento que existe há mais tempo e, portanto, tem um número maior de registros; o tratamento conservador é mais recente com poucos registros, mas também poderia ser adotado, contudo, a cirurgia ainda era o mais indicado. Disse que tinha informações sobre a habilidade do meu urologista com cirurgias desse tipo e que sabidamente era um dos mais competentes. Agradeci e fiquei de pensar mais um pouco.

O exame de imunohistoquímica confirmou que o fragmento do ápice esquerdo também tinha lesão maligna. Voltei ao Dr. Levindo e ele reafirmou o que havia dito da outra vez e agora, diante da confirmação do risco intermediário pela imunohistoquímica ficava claro que eu tinha duas opções: cirurgia (prostactomia radical) ou radioterapia associada a injeção de hormônio. Pedi-lhe que me falasse das vantagens e desvantagens dos dois tratamentos. Ele citou que os dois podem gerar como consequência a incontinência urinária e disfunção erétil, sendo que na cirurgia as possibilidades são maiores dessas ocorrências.

A cirurgia é um procedimento único e, após o período de recuperação, requer apenas acompanhamento para avaliar se há sinais da doença em outras partes do organismo. A radioterapia associada ao hormônio gera disfunção erétil durante o período de injeção de hormônio (no meu caso seria por seis meses), podendo haver a recuperação dessa disfunção na grande maioria dos casos, porém, há a possibilidade de o paciente voltar a ter câncer de próstata; no tratamento pela cirurgia não há risco de se ter câncer de próstata novamente porque o paciente não terá a glândula (poderá adquirir câncer em outra parte do organismo), também não fará nova biópsia da próstata (exame que corresponde a uma pequena cirurgia). Na cirurgia, a possibilidade de se ter incontinência urinária e de disfunção erétil permanentes é grande, podendo ocorrer muitos casos em que uma ou as duas sejam temporárias. Continuei na dúvida sobre qual tratamento escolher. O Dr. Levindo sugeriu que caso eu quisesse conhecer mais sobre a prostactomia radical que poderia fazer uma consulta ao Dr. Carlos Eduardo Corradi, que atende no Hospital das Clínicas, em Belo Horizonte, que, segundo ele, é uma referência nesse tipo de tratamento em Minas Gerais. Fiquei de pensar sobre o assunto.

Voltei à Dra. Lucianne. Fui acompanhado do Lunga que levou a ela o resultado de uma biópsia que ele fazia periodicamente como acompanhamento no pós-tratamento de câncer (o dele fora de garganta). A médica falou dos dois tratamentos, a pedido meu, e mais uma vez a sua opinião foi convergente com a do Dr. Levindo. Um detalhe, no entanto, foi decisivo para que eu começasse a pensar na radioterapia como uma alternativa que me deixava mais confortável: ela garantiu que os riscos de irradiação de outras partes que não a próstata, como havia citado o urologista, são mínimos com a tecnologia da IMRT (sigla em inglês de Radioterapia de Intensidade Modulada) que possibilita ao profissional atacar com precisão apenas a parte lesada; o único problema é que o meu plano de saúde não cobria o uso dessa técnica por ser entendida apenas como uma complementação da radioterapia convencional e até então não havia sido reconhecida pela Agência Nacional de Saúde: "mas se você optar por esse tipo de tratamento nós encontraremos uma forma de resolver essa questão", completou. Sugeriu que eu consultasse outro médico especialista em cirurgia de próstata para ter mais uma opinião; falei-lhe que o Dr. Levindo havia indicado o Dr. Corradi, ela disse não conhecer, mas entendeu que seria uma boa alternativa. Saí de lá propenso a pensar na possibilidade de optar pela radioterapia (a ideia de cirurgia me assustava desde o início); iria conversar com Sandra, minha esposa, sobre o assunto.

* * *

Falei com Sandra, minha esposa, sobre a conversa com a Dra. Lucianne. Ela ficou calada; pareceu-me que a informação não lhe trouxera novidade e eu, mais uma vez, voltei a me sentir sozinho diante da situação. Chamei-lhe a atenção para sua reação e ela disse que estava animada com a informação, porém, que o seu silêncio era próprio da sua personalidade reflexiva. Fiquei quatro ou cinco dias pensando sobre a conversa com a Dra. Lucianne e, então, decidi-me de vez que não iria me submeter à cirurgia nessa fase; que optaria pelo tratamento proposto pela médica.

Agendei com o meu urologista e fiz contato na clínica para agendar o exame de Ressonância Magnética que a Dra. Lucianne solicitara. Na clínica me informaram que só era possível fazer tal exame seis meses depois da biópsia, ou seja, eu teria que esperar mais cem dias porque havia decorrido apenas oitenta dias de tal procedimento. Ao insistir que tinha em mãos um pedido e que precisava do exame para dar continuidade ao tratamento, a funcionária da clínica pediu-me que contatasse a médica que solicitara o exame para que ela fizesse contato com a clínica para esclarecer a situação. Liguei para a Dra. Lucianne e lhe falei do impasse na clínica e ela me disse que resolveria isto por telefone e que o exame poderia ser feito conforme ela solicitara. Foi aí que eu lhe falei que estava aproveitando a oportunidade para confirmar com ela que eu havia decidido pelo tratamento com a Radioterapia. Ouvi do outro lado da linha um involuntário e preocupante "minha Nossa Senhora!". Perguntei-lhe o porquê do susto se ela mesma me havia sugerido esse tratamento. "É que você deve pensar bem, deve pedir a opinião do seu urologista!", disse ela. "Vou consultá-lo hoje", respondi. "Você deve pedir a opinião dele!", insistiu ela. "Eu já sei qual é a opinião dele sobre o assunto, já te falei sobre isto; ele acha que o tratamento indicado é a cirurgia. Eu vou apenas informá-lo que optei por outro tratamento!", esbravejei. "Pois é, mas a primeira alternativa é a cirurgia!", repetiu ela. Recebi a reação da médica como uma ducha de água fria no meu entusiasmo; como ocorreu outras vezes desde que houve a confirmação da doença, quando eu começava a acreditar que as coisas estavam caminhando bem, vi tudo voltar à estaca zero. Foi uma sensação de insegurança horrível. "Não estou te entendendo doutora, você me garantiu que o tratamento pode ter a mesma eficácia que a cirurgia e com menos riscos, me deixou animado e agora me recomenda o contrário. A cirurgia parece ser bastante eficaz, mas apresenta uma série de riscos que me preocupam; você me falou que a radioterapia é um tratamento que, neste caso, também apresenta riscos, mas que são menores do que a intervenção cirúrgica! E agora muda de opinião?", desabafei.

"O problema João é que você é paciente do Dr. Fulano, há uma questão ética aí, eu não posso simplesmente tomar um paciente dele", defendeu-se. "Sou eu que estou optando; sou eu que estou assumindo o risco, já que me foi dada a opção de escolher", respondi-lhe. "Está bem, então você fala para ele que eu lhe indiquei como primeira opção a cirurgia e que foi você que optou pela Radioterapia", pediu ela. Confirmei que era exatamente aquilo que ia fazer. Senti naquele momento que o problema era muito mais ligado ao corporativismo da classe médica e às relações que se estabelecem entre eles em função desse corporativismo em nome da ética profissional: em minha opinião as duas coisas em muitas situações se confundem.

Fui atendido no consultório do urologista cerca de duas horas depois da discussão com a Dra. Lucianne e, ao falar com ele da minha opção, fui surpreendido com a resposta de que já sabia. A Dra. Lucianne havia telefonado para ele para falar sobre o assunto; creio que ela temera que, de repente, eu falasse algo que criasse um conflito entre os dois médicos, uma vez que estávamos diante de um conflito de opiniões dos dois profissionais.

* * *

Fiz o exame de Ressonância Magnética Multiparamétrica solicitado pela Dra. Lucianne. Foi uma situação difícil porque há dois ou três anos eu havia feito uma Ressonância Magnética para escaneamento de uma lesão no ombro direito e, então, ao realizar o exame descobri que tinha um princípio de claustrofobia: nada tão grave que chegasse a impedir-me de fazer o exame, mas eu não me senti confortável ao entrar no tubo para o escaneamento, tanto que fiquei com os olhos fechados durante todo o exame por temer que se os abrisse poderia entrar em pânico. Agora, diante da expectativa do novo exame comecei a sentir uma agonia terrível, uma sensação de pânico, só de me imaginar entrando novamente naquele tubo estreito. Tentei fazer um treinamento em casa, cobrindo-me com um cobertor suspenso a uns trinta centímetros acima do rosto e imaginando que estava na máquina para efetuar o exame com os olhos fechados e em todas as vezes que tentei comecei a entrar em pânico. Creio que ficara mais sensível e aumentara a reação a ambientes fechados em virtude dos efeitos psicológicos da situação que eu estava vivendo. Solicitei que o exame fosse efetuado mediante sedação e assim foi feito.

No dia marcado para apanhar o resultado do exame, a recepcionista da clínica me telefonou indagando, a pedido da médica responsável pelo procedimento, sobre a data exata a que eu havia sido submetida à biópsia. Expliquei tudo novamente: a biópsia havia sido realizada há cerca de onze semanas. Preparei-me psicologicamente para não me surpreender se o exame apresentasse algo de anormal porque já havia sido advertido de que antes de seis meses da biópsia haveria sempre a possibilidade de as cicatrizes daquele exame gerar dúvidas sobre tratar-se de possíveis lesões cancerosas. No final da tarde daquele mesmo dia eu apanhei o resultado e, mesmo tendo me preparado psicologicamente, assustei-me ao ver alguma coisa escrita que sugeriu haver uma lesão fora da capsula prostática; ora, sinais de lesões na capsula poderiam ser as cicatrizes dos locais de onde foram retirados os fragmentos para análise, mas fora da capsula me pareceu algo suspeito. Além do mais, constava do exame "classificação V", cuja legenda indicava tratar-se de "Risco Alto" para aquele tipo de lesão. Ou seja, as coisas haviam tomado um novo rumo: o câncer inicialmente diagnosticado como de "Risco Baixo", depois passou a ser considerado de "Risco Intermediário" e agora era de "Risco Alto".

Procurei o Dr. Levindo e ele falou que havia uma dúvida sobre a suspeita de lesão fora da capsula. Que poderia ser a cicatriz porque a agulha utilizada para a biópsia perfura o reto e outros tecidos até chegar à próstata, mas que decorridas onze semanas já era tempo suficiente para que essas cicatrizes não estivessem tão visíveis. E aí me fez uma afirmação terrível, talvez a mais terrível desde a primeira, quando eu fiquei sabendo que tinha câncer: Quando há suspeitas desse tipo, o tratamento tem que ser feito levando-se em conta a doença no nível da suspeição, ou seja, eu teria que ser tratado como se tivesse também uma lesão fora da cápsula prostática, lesão de "Risco Alto" e isto mudava tudo porque ao invés de tomar seis injeções de hormônio eu teria que tomar trinta e seis, o que comprometeria sobremaneira a qualidade de vida, inclusive no tocante à virilidade sexual.

Disse-lhe que não me arriscaria a tal tratamento a menos que tivesse plena certeza de que a doença estaria mesmo naquele nível e que, de mais a mais, eu arriscaria morrer a ficar impotente sexualmente, com os ossos enfraquecidos e o risco de contrair uma série de problemas de saúde, como diabete, aumento do colesterol, dentre outros, decorrentes das injeções de hormônio durante três anos consecutivos. Ele me disse que naquele momento deveríamos focar no tratamento radioterápico e nas seis injeções de hormônios para depois decidirmos como seria feito: eu deveria iniciar tomando uma injeção a cada mês e a partir da terceira dose iniciaria o tratamento radioterápico.

Dias depois voltei a falar com a Dra. Lucianne. Ela estava calma, diferente do último contato que tivemos por telefone, e voltou a falar da Radioterapia com IMRT, em 3d; retomou a explicação de que se trata de uma tecnologia nova que permite executar o trabalho com quase 100% de precisão e que, no meu caso, seria imprescindível porque evitaria que outras partes do organismo fossem irradiadas e, assim, os riscos de efeitos colaterais seriam mínimos. Ao contrário da Radioterapia tradicional, em 2d, que oferece riscos de contaminação dos tecidos próximos da próstata, especialmente a bexiga, uretra, intestino e região anal, com sérios efeitos colaterais. A explicação que ela apresentava sobre o tratamento radioterápico tradicional coincidia com as explicações do urologista quando fez uma comparação entre cirurgia e radioterapia.

Tomei a primeira injeção de hormônio (Zoladex 3,6 ml) no Hospital Dilson Godinho pelo convênio do Instituto de Previdência dos Servidores Militares do Estado de Minas Gerais (IPSM). As consultas com o Dr. Levindo eram feitas pelo SUS – através do meu amigo Tatá eu consegui fazer o meu cartão do SUS, que nunca tivera. Optei pelas consultas pelo SUS por temer que surgisse alguma despesa extra do IPSM, uma vez que suas regras internas preveem prazos para determinados procedimentos e eu já esperava ter que pagar alguns dos procedimentos que comporiam o tratamento.

Vieram os preparativos para o tratamento com a Radioterapia. A primeira informação ruim que recebi é que o IPSM não pagava o tratamento com Radioterapia em IMRT – pagava apenas a Radioterapia tradicional. Propus fazer uma tentativa e solicitei à funcionária da Clínica Radialis (clínica especializada no tratamento de câncer, vinculada à Santa Casa, onde atuava a Dra. Lucianne) que preparasse uma guia de solicitação de procedimentos médicos para o referido tratamento. De posse da solicitação procurei ao responsável pelo IPSM em Montes Claros, um velho amigo de longa data e expus a situação; ele nem sequer ouvira falar daquele tipo de tratamento, mas se mostrou disposto a ajudar. Disse que eu teria providenciar dois orçamentos do tratamento, um da Santa Casa e outro do Hospital Dilson Godinho. Questionei que achava que o Hospital Dilson Godinho não possuía tal tecnologia. Ele duvidou, dizendo que determinado deputado, ao que tudo indica de sua preferência política, havia conseguido recursos para equipar o hospital com o que havia de mais moderno de equipamentos para tratamento de câncer; deixou claro que ele tinha uma preferência para que o meu tratamento fosse feito no Hospital Dilson Godinho.

Fui ao Hospital Dilson Godinho e obtive a informação de que ali não havia a Radioterapia com IMRT. Procurei novamente a funcionária da Santa Casa e solicitei o orçamento. Notei, sem entender o porquê, certa relutância da funcionária, mas, depois de uma semana ela me entregou o orçamento. Levei-o ao chefe do IPSM que encaminharia aquele orçamento para a sede do instituto em Belo Horizonte solicitando o pagamento do tratamento em caráter extraordinário haja vista que tal procedimento não constava na lista dos tratamentos normalmente custeados. Ao entregar o orçamento ao chefe do setor este me chamou a atenção para um detalhe: no rodapé do documento havia a seguinte observação: "Lembramos que esse tratamento de IMRT+IGRT para próstata não está no HOL da ANS, portanto (sic) não é autorizado por nenhum convênio. Estamos à disposição para qualquer esclarecimento." O funcionário esclareceu que numa situação em que se solicita o pagamento de um tratamento que não está listado pelo IPSM é preciso que se apresente argumentos sólidos para justificar o pedido e que, com aquela observação no rodapé, seria perda de tempo solicitar tal pagamento. Eu fiquei duplamente decepcionado, primeiro porque não havia possibilidade de o IPSM pagar o tratamento e depois porque eu cometi o erro de não ler detalhadamente o orçamento no momento que o recebi da funcionária da clínica para detectar a insólita observação e solicitar-lhe que o orçamento fosse refeito. Fiquei a pensar na relutância da funcionária em fazer o orçamento e, depois, na citada observação e conclui que os funcionários do hospital temiam algum questionamento a respeito dessa negociação; possivelmente temiam uma ação judicial. Decidi não mais tentar a cobertura total do tratamento proposto. A solução seria fazer o tratamento como se fosse com a Radioterapia tradicional, em 2d, pelo convênio do IPSM e pagar a diferença, estimada em quase vinte salários mínimos.

Voltei à Radialis para tentar negociar o pagamento da diferença e ao falar com a recepcionista sobre o que eu pretendia esta não queria me encaminhar à funcionária responsável pelo orçamento alegando que eu teria que apresentar um documento com a recusa do IPSM em aceitar pagar o tratamento. Estive perto de ser grosseiro com ela e dizer-lhe que o documento sequer foi apresentado à cúpula em Belo Horizonte por causa da malfadada observação. Ela então solicitou que eu apresentasse uma declaração do funcionário do IPSM que me atendeu; respondi-lhe rispidamente: "Não vou fazer isto. Vocês me deram um documento com uma observação que claramente visava a não aceitação por parte do IPSM, além do mais o chefe daqui não tem autoridade para declarar que o instituto se recusou a atender, até porque nós, eu e ele, decidimos não enviar o orçamento para não perder tempo já que sabíamos qual seria a resposta que demoraria um ou dois meses; e eu não posso perder tempo, estou tentando sobreviver, eu quero sobreviver!". A recepcionista me encaminhou para falar com a funcionária. A diferença a ser paga pelo tratamento inicialmente era de um pouco mais de vinte salários mínimos e o hospital propôs dividir no máximo em três vezes. Solicitei um desconto para um pagamento à vista e, depois de muita pechincha, me concederam 20%. Fiz um empréstimo bancário e paguei à vista.

* * *

Após a segunda dose da injeção de hormônio começaram a aparecer os primeiros sintomas para os quais o Dr. Levindo me alertara. A queda na libido e uma sensação de calor pelo corpo, seguida de sudorese. A tão temida disfunção erétil e o aumento de peso que costumam aparecer em alguns pacientes não apareceram, o que era motivo para comemorar. A queda na libido se manifestou pelo pouco interesse pelo sexo: as ereções espontâneas durante o sono desapareceram, só havia ereção mediante estímulo físico. Após a terceira injeção de hormônio iniciou-se a Radioterapia e depois da décima sessão desta desapareceu a ejaculação – o orgasmo vinha, mas no formato do chamado "gozo seco" que o médico da PM me alertara que seria um efeito colateral de uma possível cirurgia.

Essa situação seria bastante preocupante se se levasse em conta o fato que há uma diferença significativa de idade entre eu e minha esposa e que poderia interferir na relação do casal. Contudo, tudo isto coincidiu com um quadro de pré-câncer de útero a que ela foi acometida e sua submissão a um procedimento de cauterização da lesão, que também a levou a um período de abstinência sexual e interferiu diretamente na manifestação da sua libido. Isto reforçou a nossa identidade e nos uniu: agora éramos dois com limitações que nos aproximaram pelas nossas dificuldades.

O Dr. Levindo me propôs usar um medicamento estimulante sexual (citrato de sinadelfila), o genérico do Viagra, alternadamente, isto é, eu deveria manter relação sexual com uso do medicamento em um dia e em outro dia sem ele, para observar se havia mudanças no comportamento. Fiz os testes e não notei nenhuma diferença, a não ser pelo tempo de duração da ereção. O desejo continuava tênue e a ereção dependia de um estímulo maior para acontecer. O orgasmo continuava sem ejaculação. O médico continuava afirmando que a reação estava ótima, acima do previsto – em muitos casos, como foi citado, o paciente não tinha ereção durante o tratamento e só começava a se recuperar disto depois de vários meses após o tratamento. Alguns dependiam de um tratamento específico para isto. Um dos fatores responsáveis por essas mudanças, além dos efeitos diretamente na próstata e vesícula seminal que compõem a estrutura sexual, era o efeito psicológico em virtude da doença e do tratamento.

* * *

Para iniciar o tratamento com a Radioterapia era preciso uma dieta rigorosíssima, durante uma semana, para me submeter a uma tomografia computadorizada da pelve para execução das marcas na virilha e quadril, por onde seriam aplicados o feixe de raios. A dieta de uma semana para tal exame era rigorosa, tanto na quantidade como na seleção dos alimentos, e incluía, nos dois últimos dias, dieta absolutamente líquida e lavagem intestinal horas antes do exame. Depois, havia uma dieta um pouco menos rigorosa durante todo o tratamento, especialmente voltada para se evitar a produção de gases ou constipação do intestino que poderiam comprometer o tratamento, gerando efeitos colaterais. Gases ou excesso de massa fecal no reto provocam dilatação e expõe as suas estruturas aos feixes de raios direcionados à próstata, com riscos de efeitos colaterais sérios pela toxidade dos raios nessa região. Emagreci sete quilos durante os 57 dias de tratamento com a Radioterapia.

No tratamento com a Radioterapia havia dois incômodos básicos: manter a bexiga com cerca de 80% de urina durante as sessões e preservar as marcas dos três pontos em que eram aplicados os feixes dos raios. Uma marca era na parte frontal da pelve, um pouco acima da genitália, e duas nos flancos direito e esquerdo do quadril. Eram feitas por uma caneta especial, como pontos de tamanho do diâmetro de um grão de soja, protegidas por uma fita adesiva transparente. Durante o tratamento eu não podia esfregar sobre tais marcas durante o banho, não podia fazer exercícios que provocassem muito suor, não podia nadar, não podia usar roupas muito apertadas, cuecas de tecido sintético, enfim, cuidados essenciais para não apagá-las. Se apagassem teria que se fazer novo exame de tomografia computadorizada da pelve precedido da dieta rigorosa de uma semana, a que nos referimos. De todas as exigências referentes aos cuidados para não apagar as marcas a que pesava mais era a proibição de frequentar sauna. Desde que eu entrara pela primeira vez numa em setembro de 1979, sempre frequentei sauna pelo menos uma vez por semana; houve raros momentos em que frequentei duas vezes por mês e em duas ocasiões eu fiquei cerca de quarenta dias sem frequentar: quando fui submetido a uma cirurgia de apendicite em 1989 e a uma cirurgia de hérnia umbilical em 2013. Além da ajuda na manutenção da saúde física, sauna sempre foi uma terapia mental para mim nesses trinta e seis anos desde que a experimentei. Houve momentos em que a frequentei três ou mais vezes por semana.

Durante o tratamento com a Radioterapia eu fiquei por cerca de sessenta dias sem sauna – ou melhor, quase sem sauna, porque houve um dia em que me rebelei e reforcei o adesivo com uma fita micropore e lá fui eu; procurei não exceder e entrei apenas duas vezes na sauna. No dia seguinte, falei ao enfermeiro que aplicava as sessões de Radioterapia que eu havia me excedido em exercícios físicos (não falei da sauna) no dia anterior e que havia suado muito; pedi a ele que verificasse as marcas. Ele disse que era possível remarcar porque as fitas micropore absorveram os outros adesivos e as marcas saíram da pele, mas ficaram nos adesivos sem se deslocar dos pontos; remarcou e aconselhou-me a não fazer "exercícios" daquela forma porque poderia ter que repetir a tomografia com a sua dieta inerente para a remarcação. Não mais arrisquei a contrariar as recomendações.

Ao retornar ao Dr. Levindo na consulta do mês de junho de 2015, ele, devido à minha resistência em tomar as trinta e seis injeções, havia feito uma pesquisa sobre as possibilidades de o meu câncer evoluir se parássemos na sexta injeção de hormônio e sobre os benefícios e riscos com as trinta e seis injeções. A conclusão final era de que as trinta e seis injeções aumentam muito a possibilidade de cura, mas não a garantem totalmente; seis injeções para câncer de Risco Intermediário são efetivas, mas não o são para Risco Alto como era a suspeitas, naquele momento, sobre o meu caso, tendo como parâmetro a Ressonância Magnética Multiparamétrica. A escolha teria que ser minha.

Falei-lhe da minha indecisão e que já pensara, inclusive, em ficar apenas com as seis injeções e correr o risco de não ficar totalmente curado e vir a morrer da doença a me expor aos efeitos colaterais das trinta e seis injeções. Perguntei-lhe se fosse ele no meu lugar se seria fácil decidir sobre continuar ou não o tratamento e ele respondeu que teria as mesmas dificuldades que eu. Aquele médico confirmava, mais uma vez, o comportamento sincero que demonstrava desde que comecei a me tratar com ele e que me levara a confiar na sua honestidade e competência. Por fim propôs solicitar a revisão da citada Ressonância Magnética Multiparamétrica para, então, pensarmos qual seria o caminho.

Encaminhei o pedido de revisão do exame de Ressonância Magnética Multiparamétrica. Solicitei à atendente que tirasse uma cópia do laudo atual para ficar comigo. Ela fez a cópia e ia me entregar quando eu pedi-lhe que deixasse o original comigo e enviasse a cópia à medica responsável pelo exame. Ela aceitou com a condição de que se a médica exigisse eu deveria entregar o original. Anotou meu telefone para contato. Passados alguns dias recebi um telefonema da médica que confundiu o meu número com o do Dr. Levindo. Ao saber de que era eu, disse que pretendia conversar com o médico, mas que ia me adiantar o resultado: concluíra que a tal mancha que levantou a dúvida se o câncer estava também fora da capsula prostática poderia ser decorrente de sangue proveniente da biópsia, apesar de haver um prazo de oitenta dias entre um e outro exame. Declarou que ia fazer um novo laudo com tal conclusão e solicitou que eu levasse o laudo original. Fiquei meio desconfiado. Primeiro ela não tinha certeza, ia fazer novo laudo com base numa possibilidade e, depois, ficava uma pergunta: por que a preocupação em receber de volta a cópia original do primeiro laudo? Qual era o temor dela? Não devolvi o laudo original. Esperei alguns dias e liguei para ver se o resultado estava pronto. Estava. Quando o apanhei na recepção ninguém me falou da cópia original do anterior; guardei os dois.

Encaminhei o novo laudo ao Dr. Levindo. Dois dias depois ele me telefonou e falou que com o resultado da revisão poderíamos encerrar o tratamento com a hormonioterapia. Combinamos que eu voltaria três meses depois para o acompanhamento através de exame

clínico e exame do PSA e que faríamos isto
durante um período de cinco anos.

ESPERANÇA

A esperança não é a energia
Que move o ser humano
Que o motiva a enfrentar os percalços
Que o fortalece a cada instante.
Ela é muito mais que isto:
– é a fonte inesgotável dessa energia.
Enquanto há esperança, há vontade de viver
E a vida renasce como a vegetação que rebrota
Depois da chuva de verão.

JF

A FORÇA DA VIDA (Haicais)

uma esperança
uma fonte de energia
o motor vital

* * *

um propósito
foco e disciplina
eis a vitória

* * *

crer firmemente
que os milagres existem
ei-los palpáveis

* * *

nosso íntimo
poder sobre o corpo
força interna

* * *

força da mente
o direcionamento

poder de mudar

JF

PARTE III

A DIFÍCIL CONVIVÊNCIA COM A
DOENÇA E COM OS FANTASMAS QUE A
CERCAM

A convivência em casa depois do diagnóstico

Após o primeiro diagnóstico da doença, a reação de Sandra, minha esposa, inicialmente foi uma visível tentativa de disfarçar a sua desolação diante do fato de que eu estava doente. Num segundo momento ela passou a pesquisar sobre câncer de próstata, tratamentos, efeitos colaterais, etc. Quando eu abordava o assunto ela sempre me trazia informações novas. Num terceiro momento ela se fechou, tornou-se amarga, demonstrava um descontentamento constante; tornou-se agressiva com os nossos dois filhos (Juninho de sete anos e Bruninho de dois e meio) que passaram a ter atritos entre si o tempo todo, quase sempre por causa de brinquedos e pirraças de ambas as partes: o menor tinha uma reação de soltar um grito agudo e longo durante esses atritos; esse gritos se tornaram cada vez mais perturbadores para mim – creio que os atritos entre eles se acirraram diante da percepção do clima de insegurança vivido pelos seus pais, por mais que tentássemos disfarçar diante deles; por fim Sandra passou a me tratar com agressividade também e eu reagia no mesmo nível, obviamente. Nossa relação conjugal começara a entrar em crise dentro de um curto espaço de tempo.

Entrávamos em atrito verbal por coisas triviais e quase sempre trocávamos ofensas. Ao que parece ela, inconscientemente, agia como se buscasse a separação, pelo menos foi essa a análise que eu fiz naquele momento, seria talvez uma forma de sofrer menos: separar-se é menos doloroso do que enviuvar-se; a separação seria uma fuga que ela buscava inconscientemente. Numa das nossas discussões eu disparei: "Eu estou com câncer e estou sozinho. Você está mais preocupada em saber o que fazer se ficar viúva do que acompanhar o meu tratamento. As preocupações das minhas filhas comigo são secundárias, elas têm outras prioridades. Eu estou sozinho para enfrentar tudo: os riscos, os efeitos colaterais, tudo!...". Ela me pareceu se sentir culpada pelo seu comportamento e, por outro lado, eu me arrependi de ter dito aquilo, mas não pedi desculpas. Fiquei a ruminar aquelas palavras e ela pareceu querer dizer algo, mas não encontrou palavras.

Depois dessa discussão começamos a nos entender melhor. Poucos dias depois vieram os primeiros sinais dos problemas de saúde dela já, cujo tratamento e efeitos colaterais já foram comentados anteriormente. Passamos a refletir melhor sobre tudo o que estava acontecendo conosco e isto foi nos aproximando a cada dia. Em pouco tempo havíamos superado a tensão que esses problemas haviam causado, já não tínhamos os atritos referidos; investimos numa relação de apoio mútuo e creio que isto foi fundamental para o enfrentamento dos nossos problemas.

A minha relação com as filhas do primeiro casamento

Minhas três filhas do primeiro casamento demonstraram preocupação ao saberem da notícia do meu problema de saúde. Uma morava em Grão-Mogol, uma em Belo Horizonte e a terceira na mesma cidade que eu, isto é, em Montes Claros. Aproximaram-se um pouco mais com contatos telefônicos e visitas mais frequentes nos primeiros dias após saberem da doença. Depois as visitas foram se tornando mais raras e nossos contatos foram retomando a rotina de afastamento tal qual era antes — afastamento que eu sempre atribuí a uma possível alienação parental que acredito ter sido vítima após a separação conjugal com a mãe delas, quando ainda eram adolescentes.

Ao longo da minha vida eu sempre tive um apego muito grande a elas; lutei com muita dificuldade para dar-lhes uma vida melhor do que a que eu tive na minha infância e adolescência. Não consegui proporcionar o padrão de vida que sonhei para elas, mas consegui dar um mínimo de conforto material e afetivo. Veio a separação da mãe delas depois de a convivência se tornar impossível: incompatibilidade de gênios, diferença cultural, dificuldade de comunicação, etc., etc., até chegar a um nível insustentável para ambos — a essa altura a única coisa que tínhamos em comum era o fato de termos gerado três filhas.

Tempos depois eu tive acesso a um texto escrito por uma das minhas filhas, desabafo de adolescente rebelde, no qual ela me acusava claramente de ter me separado da mãe dela, ou seja, ela, por algum motivo, internalizou a informação de que na separação entre seus pais havia um culpado e esse culpado era eu. Sofri muito com essa informação e fiz inúmeras tentativas de esclarecer que o casamento sofrera um desgaste por várias razões e que não havia um culpado para isto. Durante essas conversas parecia que tudo havia sido esclarecido, mas bastava um questionamento qualquer que eu fizesse a uma delas para que as três se unissem contra mim, mesmo não sendo muito unidas entre si no dia a dia; essa era para mim a prova cabal de que fora incutido na mente delas um ressentimento muito grande contra mim. O distanciamento era visível, por mais que eu vivesse tentando me aproximar. Ingenuamente ao construir uma casa no sítio, onde eu decidira morar pouco tempo depois do divórcio, criei espaços na construção pensando especialmente em atender às visitas delas.

Tais visitas basicamente aconteciam uma vez por ano, quando a que mora em Belo Horizonte visitava Montes Claros ia ao sítio para um almoço ou um pernoite e as irmãs costumavam acompanhá-la nessas visitas. A justificativa de que as duas que moravam mais próximo davam para não visitarem o sítio era de que não gostavam de roça; no entanto, eu tinha informações de que constantemente visitavam sítios de amigos ou de parentes de amigos. As justificativas perdiam totalmente a consistência diante dessa constatação. Eu sofria muito com o distanciamento: vivia tentando me aproximar e, justiça seja feita, houve momentos em que elas também manifestaram o desejo de reaproximar de mim, mas não passaram de uma saída para uma refeição com muito bate papo, para depois cada qual e cuidar de suas vidas.

Hoje eu entendo que utilizei as estratégias erradas para tentar me reaproximar delas. Convites para sairmos juntos para um almoço ou jantar, ou para que elas visitassem o meu sítio, onde eu julgava ser um local com valor sentimental muito grande, ideal para se descansar da correria do dia a dia das cidades, era muito pouco diante de um mar de ressentimentos e do distanciamento cultivado durante anos. Inúmeras vezes eu pensei em insistir em me aproximar, mais do que vinha fazendo, mas temia me tornar inconveniente e piorar as coisas.

Agora com o câncer devidamente instalado em mim e os seus fantasmas me rondando diuturnamente, eu não devia ter imaginado que seria diferente, mas esperei que fosse. Pensei que teria minhas filhas por perto. A retomada do distanciamento, depois da rápida aproximação que tiveram logo após a descoberta da doença, produziu um efeito devastador em mim: a sensação de estar sozinho exigia um esforço redobrado para enfrentar a situação. A solidão que procuramos por opção, visando nos encontrar conosco mesmo, chega a ser prazerosa, mas a solidão imposta por outras pessoas é algo avassalador: deixa o ego em frangalhos e, consequentemente, joga a nossa autoestima para baixo.

Durante as sessões diárias de radioterapia eu via que a maioria dos pacientes tinham companhias. Havia um senhor de uns sessenta e poucos anos que todos os dias ia acompanhado por uma filha de aproximadamente 18 anos de idade. Ela permanecia na sala de espera manuseando um celular, coisa de adolescente, enquanto ele entrava para a sala de radioterapia. Eu a observava discretamente como ela se compenetrava no manuseio do aparelho e de repente, quando o pai aparecia na porta, ela deixava o aparelho de lado e se concentrava totalmente na figura do pai. Eu me comprazia com aquela relação, era um espetáculo: creio que havia uma ponta de inveja nessa admiração que eu devotava silenciosamente aos dois.

Algum tempo depois, em conversa com um amigo, o empresário e jornalista Américo Martins, ele falou que a solidão que alguém impõe a outro está relacionada diretamente com as preferências de quem a impõe: quem deixa de se fazer presente na vida de uma pessoa com quem deveria ter uma proximidade em virtude de parentesco ou outra situação é porque as suas preferências estão voltadas para outras questões e outras pessoas. Eu concordo com ele, mas prefiro substituir a palavra "preferência" por "prioridade". Creio que a solidão que me foi imposta está diretamente relacionada com às prioridades das pessoas com as quais eu tinha contato e delas esperava mais apoio.

A minha filha primogênita, que reside em Belo Horizonte, visitou-me uma vez durante o tratamento e entendo que foi o bastante, dado às dificuldades dela conciliar o trabalho com a viagem. A outra, que morava em Grão Mogol, até chegou a esboçar o desejo de estar próxima nos dias mais difíceis, mas voltou a se afastar, atropelada pela sua rotina e seus problemas pessoais: num dos meus piores dias, um domingo, sentindo-me um traste, liguei para ela às onze e meia da manhã em busca de uma palavra de consolo, ela atendeu e, com voz sonolenta, ao perceber que era eu perguntou-me "é algo importante?"; respondi-lhe que não, desliguei o telefone e fiquei não sei por quanto tempo, no terraço da minha casa no sítio, amargando uma sensação de vazio, uma imensa tristeza, uma angustiante tensão no peito, desejei chorar para ver se me sentia aliviado, mas não consegui; depois de algum tempo retornei para o interior da casa sem que minha esposa e os nossos dois filhos pequenos percebessem... (naquele momento a prioridade da minha filha era dormir, a possibilidade de seu pai estar mal era algo para se ver depois, ou não se ver, porque depois disto ela nunca tocou no assunto). A outra filha, que mora em Montes Claros, tentava ser mais meiga e sensível aos problemas que eu estava vivendo, mas também não conseguiu manter maior proximidade.

No quinto mês após o tratamento eu tive um atrito com a minha segunda filha, na verdade com ela e a mais nova, porque as duas estavam presentes e, como sempre ocorria nessas situações, uma apoiou a outra. Tudo começou com um questionamento que fiz, em forma de brincadeira, por ela ter doado uma cadela que eu a dera de presente, sem me consultar se não a queria de volta já que ela sabia do quanto eu gostava do animal, e ela reagiu tentando me ofender. Na discussão eu acabei falando do afastamento delas para comigo, especialmente depois da doença, e da angústia que me acompanhava desde que me descobri doente. Reconheço mais uma vez que falhei: conhecendo a personalidade da minha segunda filha, eu devia saber que uma cobrança desse tipo daria no que deu; mas não pensei nisto antes e quando me dei conta da situação já era tarde. As duas retrucaram, quase ao mesmo tempo, insinuando que eu estava exagerando e querendo chamar a atenção. Eu disse-lhes que pelo jeito só quem tem câncer é capaz de entender o que é realmente enfrentar a doença; nesse momento, fui acusado de estar desejando a elas que contraíssem também a doença para sentirem o que eu estava sentindo. Percebi, então, que não adiantava discutir, eu nunca iria sensibilizá-las. Despedi-me e fui embora.

A partir desse dia o distanciamento entre eu e as duas piorou porque eu parei de insistir na aproximação. Minha esposa até me aconselhou a desconsiderar o ocorrido e continuar tentando me aproximar para evitar que nos distanciássemos mais ainda. Lembro-me de ter dito, no calor daquele desconforto: "Eu não vou mais mendigar o carinho das duas; se elas querem se distanciar, que se distanciem, eu tenho outras coisas com as quais devo me preocupar: a principal delas é tentar sobreviver à doença e a tudo isto!". Fiquei muito deprimido, não apenas pelo nível da discussão, mas, sobretudo, pelo afastamento das duas que se acentuou após o atrito. Por outro lado, decidi que também não as procuraria. Esse mal-estar acabou refletindo no meu estado de saúde geral, conforme relato no item "A busca de tratamento alternativo para recuperação da libido".

O leitor poderia dizer, "mas se ocorre o distanciamento dos filhos num momento desses é porque o pai não deu a assistência devida". Eu entendo que em muitos casos análogos a origem pode ser realmente a falta de atenção dos pais aos filhos, mas tenho a firme convicção de que não é o meu caso: tenho a minha consciência tranquila de que me esforcei para fazer o melhor; esse sentimento deverá me acompanhar por toda a vida; não vejo a menor hipótese de algum dia me convencer do contrário porque sei (e somente eu sei) quais foram os meus projetos, os meus sonhos, as minhas expectativas em relação a elas. Enfim, eu sei muito bem qual foi o foco da minha luta quando era responsável por elas, ou seja, até se tornarem adultas; só eu sei dos sacrifícios que tive que fazer para que elas não tivessem a vida difícil que eu tive, principalmente na adolescência; se elas não tomaram conhecimento dessa luta para torná-las pessoas capazes, donas de si, com uma visão crítica do mundo, é porque, por algum motivo, não quiseram ver os fatos e continuam preferindo não revisitá-los.

A interferência do câncer no relacionamento com o resto da família

Filho único, órfão de mãe aos dois anos de idade, fui criado por uma tia materna e ganhei quatro irmãos de criação (um do sexo masculino e três do sexo feminino) – cujo parentesco biológico era de primos. Meu pai biológico se casou pela segunda vez e ganhei dez meios irmãos, mas continuei morando com a minha tia materna.

Os meus meio irmãos, filhos do segundo casamento do meu pai biológico, moravam na zona rural e eu na cidade: a minha relação com eles embora não fosse conflitante era distante por falta de contato. A aproximação com eles continuou limitada mesmo depois da doença. As diferenças entre nós eram muitas: os meus gostos musicais, minha preferência por alimentação saudável, minhas alternativas de lazer, minhas práticas esportivas, minha postura defensiva do meio ambiente, dentre outras práticas, me tornava uma figura exótica, completamente estranha aos olhos deles.

Com as irmãs de criação, depois que nos tornamos adultos cada qual foi cuidar da sua vida e, embora nos mantivéssemos amigos, os contatos sempre foram poucos. Com o meu irmão de criação foi diferente, desenvolvemos uma grande amizade e nos mantivemos sempre em contato: creio que pelo fato dele ter ficado órfão de pai muito cedo ele sempre viu em mim a figura do irmão mais velho que o apoiava na falta da figura paterna na infância e na adolescência. Nos anos 90 ele se tornou evangélico e começou a estudar para se tornar pastor. Passou a ter uma dedicação integral à causa, tornou-se um pastor respeitado. No início dos seus trabalhos como pastor, nós dois já pais de família, ele me convidou para auxiliar-lhe nas pesquisas no campo da Sociologia para o TCC de um curso de pós-graduação que ele fez em Ciência da Religião, o que fiz com muito prazer, por dois motivos: eu gostava de pesquisar e sentia prazer em trabalhar com ele, já que isto reforçava a nossa amizade.

Depois deste trabalho juntos ele foi se envolvendo cada vez mais nas suas atividades pastorais, fez cursos fora, viajava muito e eu, por outro lado, fui me envolvendo com atividades relacionadas à política, tais como Movimento Estudantil, militância do Movimento Negro, militância partidária, participação na articulação e execução da Greve da Polícia Militar (com uma série de consequências administrativas que me seguiram por vários anos a fio), dissolução do meu primeiro casamento (o que é inconcebível para a maioria dos evangélicos: depois que se tornou pastor ele se tornou um crítico tenaz do divórcio), questões que nos levaram ao distanciamento sem que percebêssemos. Continuamos amigos, porém, sem muito contato direto: às vezes falávamos por telefone e, nos momentos difíceis, um estava sempre pronto a ajudar o outro, mas na maioria das vezes não tínhamos contato. Com o passar do tempo esse distanciamento foi se acentuando de tal forma que até as conversas telefônicas foram ficando mais raras.

Quando eu soube da doença e passei a sofrer os efeitos negativos de ter que encarar essa realidade, ou seja, estava me sentindo sozinho por força dos temores da doença e dos efeitos colaterais do tratamento, tentei me reaproximar dele e tive uma decepção muito grande: ele me pareceu fugir de um contato direto comigo. Durante os seis meses do tratamento, fiz várias tentativas de falar com ele por telefone, deixei mensagens escritas falando da minha doença, mesmo assim só consegui conversar com ele apenas uma vez, e muito rapidamente: foi simpático, amável, demonstrou preocupação e se colocou à disposição para ajudar se fosse necessário, disse que me visitaria em casa, mas nunca apareceu, mergulhou de novo nas suas atividades evangélicas e voltou a ficar inacessível.

Decidi não insistir mais; ficou-me a impressão de que eu era um estranho para ele; inicialmente acreditei que as nossas convicções religiosas díspares (eu ateu e ele evangélico) se mostraram decisivas naquele momento. Fiquei a conjecturar sobre o quanto é estranho como as pessoas falam de Deus o tempo todo, mas excluem do mundo delas quem não compartilha as mesmas crenças que elas – meu irmão de criação não era o único a me tratar assim depois de se convencer de que eu dificilmente mudaria de posição em relação às crenças em um Deus fora do ser humano, ser que com uma varinha de condão conduz-lhe os passos numa relação absolutamente tirânica: quem não lhe obedece é castigado. Não compartilho dessa visão em que um ser superior cuja essência é o amor e a bondade, é também, ao mesmo tempo, medonho, cruel e violento com quem não segue a sua cartilha: lógica extremamente paradoxal, muito própria de seres humanos imperfeitos e não de um Deus (ser perfeito, onipotente, onipresente e onisciente). Um fato, porém, *a posteriori*, envolvendo uma atitude de Sandra, minha esposa, me faria mudar a interpretação que eu tinha a respeito da indiferença do meu irmão de criação, das minhas filhas e de outras pessoas que conheciam a minha situação, mas que procuraram se afastar, ainda que discretamente. Relato-o a seguir.

Havia uma ex-namorada minha, dos tempos de adolescente, que há muitos anos eu não via e que insistia em manter contato comigo para reestabelecer a amizade. Sandra, minha esposa, ciente do fato, ficava possessa quando ela fazia contato pelas redes sociais. Depois de muita insistência para que a mulher parasse de me contatar para evitar conflitos domésticos, inclusive da parte dela, pois também era casada, ela parou. Após dois meses ou um pouco mais ela voltou a perguntar como eu estava (ela sabia da minha doença). Minha esposa ficou novamente possessa e reagiu dizendo que eu era culpado porque dava atenção às interpelações que recebia. Fiquei aborrecido e disse que não via nada demais no fato de uma pessoa que fez parte da minha vida no passado querer saber do meu estado de saúde; disse-lhe que a preocupação da mulher referida era normal já que o câncer é uma doença grave que, inclusive, pode matar.

Sandra reagiu impulsivamente dizendo "eu não quero saber dessa mulher no seu velório; se ela vier aqui vou lhe dizer algumas verdades, já que ela não se toca!...". Fiquei revoltado com o que o acabara de ouvir; aquela fala me traria a uma triste percepção: identifiquei nela a expressão de uma certeza, por parte da minha esposa, de que eu morreria logo. Para mim o egoísmo e a possessividade contidos na expressão era o que menos importava, a ideia de uma morte próxima para eu ser tratada pela minha esposa com naturalidade é que me incomodava. Eu sabia da possibilidade de morrer e me preparava para isto, mas não estava preparado para ouvir a minha esposa falar assim, com a naturalidade de quem fala de qualquer outro acontecimento que se espera. Foi então que fiquei a pensar no porquê do afastamento de outras pessoas como o meu irmão de criação e as minhas filhas do primeiro casamento.

Concluí que, assim como Sandra deixou escapar que no seu íntimo preparava-se para a minha morte, certamente esse seria o motivo do afastamento de outras pessoas: seria uma tentativa inconsciente de se reduzir o sofrimento com a minha morte; manter-se distante criaria o desapego necessário para minimizar a dor da perda. Por mais que eu tentasse entender esse comportamento, doía muito imaginar que ele existia; até porque se fosse o contrário, se o doente fosse uma dessas pessoas que eu queria perto de mim naquele momento, eu certamente procuraria encontrar uma forma de ficar mais próximo dele, ou dela, até o fim.

Nesse momento de depressão, decidi publicar no Facebook, a título de desabafo, uma mensagem que era um recado indireto para as minhas filhas. Ei-la: *"Que os meus filhos tenham filhos que, ao se tornarem donos de suas próprias vidas, mantenham seus pais entre suas prioridades, tomando parte em seus projetos, suas alegrias e vitórias, mas, também, conhecendo e apoiando-lhes nas suas dores, anseios, temores... Enfim, que sejam filhos que tentem devolver aos pais a sensação de segurança que estes procuraram lhes transmitir quando tinham forças para isto...".* Durante os dias que se sucederam à publicação da mensagem fiquei a observar a atitude das minhas filhas: algumas dezenas de pessoas comentaram ou curtiram a mensagem, porém, nenhuma das minhas filhas comentou o assunto ou sequer curtiu a mensagem, apesar de a terem visto, porque foram marcadas para receberem-na em suas páginas. Compreendi que era tempo de buscar forças, onde houvesse, para seguir em frente, continuar encarando a doença de frente, ainda que sozinho, e os problemas dela advindos, e me dispus a fazer isto.

Um fato curioso, entretanto, é que a minha ex-esposa, mãe das minhas três filhas, com a qual eu passei a ter uma relação conflitante após o divórcio, especialmente em virtude do meu entendimento de que ela havia insuflado as nossas filhas contra mim, teve uma atitude diferente do que eu esperava depois da minha doença. Por incrível que pareça, ela demonstrou muito mais preocupação comigo do que propriamente as nossas filhas e o meu irmão de criação dos quais eu esperava apoio. Enviou-me mensagens de conforto, pesquisou alternativas de tratamento, enfim, não obstante a falta de contato direto entre nós, demonstrou interesse em ajudar de alguma forma. Creio que a diferença de posição entre ela e as nossas filhas se deva ao fato de que ela era mais madura que as filhas e por acompanhar sua própria mãe também portadora de câncer.

Outra surpresa agradável foi dedicação que uma cunhada minha, esposa do meu meio irmão caçula, em tentar me ajudar. Ela possuía em seu quintal um pé de graviola que produzia muitos frutos e ficara sabendo que o consumo da fruta combatia câncer. Ela fazia questão de recolher todos os frutos que amadureciam e os enviava para mim para que eu consumisse como parte do tratamento. Eu não acreditava muito nos efeitos daquele tratamento porque não tinha evidências de que funcionava de fato, mas me impressionava a dedicação dela, a preocupação com a minha saúde; eu consumia religiosamente todos os frutos que ela me enviava, quando a safra acabou eu já estava próximo de enjoar da fruta. Aquela dedicação sem qualquer outra motivação que não a minha cura me marcou muito (ela de fato acreditava que a fruta curava a doença).

O câncer tem dessas coisas, às vezes cria uma corrente de solidariedade; parece coisa da velha frase "mineiro só é solidário no câncer", que alguns atribuem a Nelson Rodrigues e este a Otto Lara Rezende, que, por sua vez, negou tê-la dito. A frase é muito realista, seja ela de quem for, embora o ideal seria substituir o adjetivo "mineiro" por "ser humano" – depois do que vivi eu não poderia deixar de afirmar, como um complemento à frase, de que tal solidariedade não é uma unanimidade. Há também o fato de que, via de regra, os adultos com mais de quarenta anos são mais suscetíveis de adoecerem de câncer do que os jovens e isso cria uma identidade entre quem foi acometido pela doença e quem estaria mais suscetível de ser acometido (embora jovens também sejam suscetíveis à doença). Creio que essa associação é semelhante ao que ocorre com a notícia de morte: quando ficamos sabendo que alguém que conhecemos morreu nos assustamos com a notícia; no fundo, esse susto é o nosso inconsciente nos avisando que a morte continua presente e que um dia também vamos morrer.

Uma visita traumatizante à igreja do meu irmão

Depois de terminado o tratamento e sem nenhum contato do meu irmão de criação, mesmo depois das inúmeras tentativas da minha parte, por sugestão da minha esposa, fomos à igreja que ele coordena. Não era a primeira vez que o visitava lá durante o culto: fui lá muitas vezes anteriormente, mesmo sem ter a crença que ele e os seus seguidores professam.

Chegando lá, nossos filhos foram encaminhados para as salas onde ficam as crianças (separadas por idade) e eu e a minha esposa fomos nos assentar entre os crentes. A igreja, muito grande, estava lotada; não sei ao certo qual a lotação daquele espaço, mas creio que aproxima de 500 lugares. Fomos conduzidos a assentos na primeira fileira. Não gostei da exposição, mas não tinha como evitar, porque não havia assento vazio em outras partes da igreja.

Havia ali, naquele dia, uma palestra de um pastor de outro Estado. Ele fez seu sermão, suas pregações e a plateia louvava num verdadeiro transe coletivo. Eu, desconsertado, na primeira fileira, limitava-me a levantar e a me sentar conforme o fazia a plateia. Assim seguiu até o dito pastor, ao encerrar sua preleção, certamente após observar a minha postura e identificar que não se tratava de um membro da igreja e sim um visitante, convidou os visitantes a integrarem a igreja.

Neste momento ele se dirigiu diretamente a mim de cima do palco e perguntou se eu concordava "em aceitar Jesus". Para não o decepcionar cometi a idiotice de assentir com a cabeça. Foi terrível: de repente veio uma multidão louvando, me abraçando e me parabenizando pela decisão. Eu jamais imaginei que assentir com a cabeça para não contrariar o pastor geraria o entendimento de que eu estava me convertendo e já me tornando um membro da igreja. Compreendi que havia errado e não me sentia com a menor disposição para tentar explicar o que de fato eu havia entendido da indagação do pastor.

Meu irmão que, como pastor da igreja, apenas assistia a pregação do pastor convidado, veio e me abraçou emocionado. Para complicar ainda mais eu também me emocionei, certamente em virtude do momento que estava vivendo, da necessidade de apoio e talvez até pela frustração que me causara assentir com a cabeça à indagação do pastor. O fato de me emocionar aparecia como um selo para minha suposta decisão de conversão. Recebi os cumprimentos e fui embora. Mesmo fora da igreja, nos dias seguintes, ainda recebi cumprimentos na rua de crentes que me reconheciam. Dias depois telefonei ao meu irmão e pus-me a esclarecer que quando respondi ao palestrante eu não tinha a intenção de manifestar a minha conversão e integração à igreja; ele me respondeu que sabia disto e que pudesse ficar à vontade para me decidir.

Depois disto voltei à igreja dele duas ou três vezes, em ocasiões especiais como, por exemplo, a comemoração do aniversário dele, e sempre procurei ficar anônimo no meio da multidão e procurá-lo no final do culto para conversarmos. O distanciamento parece ter se acentuado de vez: nossos contatos passaram a ser quase que exclusivamente pelo Whatsapp − ele me surpreenderia quando do lançamento do meu livro "Capoeira − a psicoterapia corporal dos oprimidos": apareceu de súbito com a família, o que me deixou muito feliz, mas depois disto continuamos distantes.

Depois de muito pensar sobre o ocorrido na igreja, veio-me a conclusão tardia de que meu irmão certamente tenha orado muito por mim; nessa situação, muitos crentes julgam que apenas rezar pela pessoa doente já é o suficiente. Não conseguem entender a necessidade de o paciente receber visitas, que ter alguém com quem conversar é tão útil quanto qualquer outra parte do tratamento. Em uma palavra: "atenção", é algo que reconforta, energiza, ajuda no enfrentamento das dificuldades e da indisposição que o tratamento da doença provoca. Meu irmão não foi capaz de entender isto e é algo absolutamente normal na condição dele. De mais a mais, creio que, como nos casos de ausência também de minhas filhas, houve a fuga inconsciente da situação: ignorar é o mesmo que fingir que a doença não existe.

Na última cobrança que fiz ao meu irmão, enviei a ele dois dos poemas que estão neste livro e que foram escritos como um desabafo em um momento em que eu sofria muito com a ausência dele e de minhas filhas, ele se limitou a me enviar pelo Whatsapp o Salmo 23 que, para ele certamente era a solução de tudo: *"O Senhor é meu pastor e nada me faltará. Ele me faz repousar em pastos verdejantes. Leva-me para junto das águas do descanso; refrigera-me a alma. Guia-me pelas veredas da justiça por amor do seu nome. Ainda que eu ande pelo vale da sombra da morte, não temerei mal nenhum porque tu estás comigo, a tua vara e o teu cajado me consolam. Preparas-me uma mesa na presença dos meus adversários, unges-me a cabeça com óleo, o meu cálice transborda. Bondade e misericórdia certamente me seguirão todos os dias da minha vida e habitarei na casa do Senhor para todo o sempre.*" Para muitas pessoas a simples leitura desse texto traz conforto, mas isto depende primordialmente de que haja a crença tenaz de que a pronúncia de tais palavras estabelece uma conexão entre a pessoa e o ser supremo a que elas se referem; não havendo essa crença, são meras palavras: primeiro, é preciso acreditar, para depois ler o texto com o objetivo de se obter a sensação de conforto.

Há uma tendência de julgarmos os outros por nós mesmos, há quem se refira a essa questão utilizando uma expressão equivalente "tendemos a medir os outros com a nossa própria régua!". Creio que ao me enviar o Salmo ele estava simplesmente receitando algo que é precioso para ele, inclusive na hora da morte, se for o caso. Não foi capaz de entender que as pessoas têm valores diferentes e que o que é de suma importância para um pode não ter o mesmo significado para outro. Não o culpo. Vejo que eu, por não estar preparado para enfrentar uma doença da qual tomei conhecimento subitamente, criei expectativas, esperei contar com a atenção de pessoas que até então estavam muito mais preocupadas com os seus próprios problemas. Demorei um ano para entender isto e me convencer que a minha doença é um problema meu. Se alguém tiver alguma preocupação comigo, ótimo, atenção é sempre bem-vinda, mas eu não posso criar expectativas e esperar das pessoas que tenham comigo o mesmo sentimento que eu teria para com elas se elas fossem os portadores da doença. As pessoas são diferentes e têm reações diferentes. Hoje eu consigo enfrentar essa situação sem me preocupar em saber se A ou B estão preocupados em me ajudar; eu mesmo tenho que enfrentar tudo sem esperar ajuda humanitária de quem quer que seja.

Os temores (fantasmas) que passaram a me acompanhar

Nos dias dos preparativos para o tratamento com radioterapia, houve um fato na clínica que também me impressionou muito. Encontrei um velho colega de serviço na Polícia Militar há anos aposentado – eu não o via há mais de duas décadas. Homem simples, de pouca instrução, um pouco ingênuo até. Ele se apresentava bastante envelhecido e estava acompanhado de uma senhora – creio que fosse sua esposa – que o tratava com muito carinho e atenção. Ao me reconhecer ele se aproximou e passou a falar da sua situação. Fora operado da próstata há cerca de um ano e agora fora encaminhado para fazer radioterapia; já havia feito 32 sessões. No final do relato ele me fez uma pergunta extremamente pueril e, na própria pergunta tentava apresentar a resposta que certamente seria ideal ao seu espírito: "Será que é câncer? Não deve ser não, né fulano?". Confesso que mesmo sabendo tratar-se de uma pessoa simplória, eu me surpreendi com a pergunta. Procurei disfarçar o meu espanto e lhe respondi que o ideal era ele perguntar ao médico dele, porque só o médico saberia responder. Eu já ouvira falar de pessoas que contraíram câncer e se curaram do mal sem nunca lhes terem informado de que se tratava de câncer; houve dois casos de duas senhoras, mães de pessoas próximas a mim, que ocorreram a manifestação da doença e as pacientes se curaram e morreram anos depois de outra causa, sem nunca terem sido informadas que tiveram a doença. É óbvio que devem ter ocorrido também muitos casos de pessoas que contraíram a doença e morreram em virtude dela sem terem sido informadas sobre a moléstia. Naquele momento em que o colega me fizera tais perguntas eu imaginei logo que não lhe haviam falado claramente sobre a doença.

O desfecho dessa história viria me incomodar mais ainda. Eu não mais vi aquele moço depois da conversa que tivemos, creio que nossos horários na clínica não mais coincidiram. Passados cerca de 20 ou 30 dias depois de iniciar o tratamento com a radioterapia, coincidentemente eu resolvi ler o obituário da intranet da PM e lá estava o nome do velho colega: ele havia morrido há menos de uma semana. Ver o nome dele ali me trouxe um profundo mal-estar, a sensação de que num período não muito distante deveria ocorrer o mesmo comigo. Comentei a notícia da morte dele com a enfermeira que me aplicava a radioterapia, ela se mostrou surpresa e afirmou que ele tinha outros problemas de saúde, inclusive de natureza cardiológica, e que provavelmente a morte dele teria sido em virtude desses problemas. Fiquei a me perguntar se ela estava sendo sincera ou se estava dizendo aquilo apenas para que eu não continuasse impressionado: certamente nunca vou saber se foi uma coisa ou outra, mas creio que a afirmação dela me ajudou um pouco a afastar a ideia de morte.

A mesma enfermeira citada, certa vez estava pronta para iniciar a sessão e a protelou por alguns minutos para me reconfortar ao perceber que eu não estava bem psicologicamente. Não me lembro se foi antes ou depois da morte do colega; ela me instalou na máquina e fez a regulagem minuciosa da aparelhagem e eu me mantive imóvel como recomendado. Entretanto, senti-me profundamente tocado por uma sensação de impotência, de incapacidade para tomar iniciativa que resolvesse aquele drama; algumas lágrimas rolaram dos meus olhos, eu estava chorando imóvel e silenciosamente após a saída dela para a sala de controle da aplicação da radioterapia (o profissional que aplica não pode se expor à radiação, tal qual os técnicos em Raio X); julguei que ela não estivesse me vendo, julguei que as imagens que chegavam até ela não mostrariam as lágrimas que eram o único aspecto externo daquele choro, mas ao que tudo indica ela percebeu, porque retornou. Eu me senti envergonhado, mas ela procurou me reconfortar dizendo que era normal eu me sentir angustiado, mas que a minha situação era tranquila; disse-me que ela já havia tratado de muita gente ali e podia afirmar com toda certeza que a minha situação era das melhores e que eu ia me curar. As palavras dela me reconfortaram.

Embora a ideia de que a morte poderia estar próxima sempre incomodasse, eu não me preocupava tanto com a possibilidade de morrer em decorrência da doença, apesar dos planos que tinha de concluir alguns trabalhos para publicação e de participação na vida dos meus dois filhos (de sete e dois anos e meio de idade). Uma grande preocupação constante naquele momento era com o meu casamento. Até então era motivo de orgulho para eu ser casado com uma mulher bem mais nova e não enfrentar qualquer dificuldade no relacionamento. Eu aparentava fisicamente ter menos idade do que realmente tinha e me orgulhava profundamente do meu desempenho sexual; agora aparecia o fantasma da possibilidade de dificuldade de satisfazer minha esposa sexualmente pelo processo genital: essa ideia me assustava terrivelmente.

Os primeiros sintomas da queda da libido, como já foi dito, surgiram cerca de um mês após a primeira injeção de hormônio. Inicialmente não me assustou porque o médico já me prevenira de que ela viria e que com o tempo a situação se normalizaria. Contudo, apesar de não ter me assustado, havia algo que, por mais que eu tentasse esquecer, me incomodava: o médico havia relatado que a volta à normalização do desempenho sexual não era garantida em 100% dos casos. Havia um percentual mínimo de pacientes que não se recuperavam e mesmo quando ocorria a recuperação ela não chegava a ser total; no fundo, eu tinha o temor de me encaixar no percentual de não recuperação. Ao perceber que havia em mim certa preocupação com a possibilidade da não recuperação da capacidade sexual, ele procurou me tranquilizar apontando o fato de que eu era beneficiado em virtude da doença ter sido descoberta no início, ser assintomática e pelo meu quadro de saúde ser bom, especialmente pela minha condição de atleta. Conversei longamente com a minha esposa sobre a questão, conversa que foi facilitada por ela estar bastante bem informada em virtude das pesquisas que fizera até então sobre o assunto. Depois vieram os problemas de saúde dela, que interferiram diretamente nessa dinâmica e, de certa forma, me trouxe tranquilidade, como já tratamos anteriormente.

Mas os fantasmas continuaram presentes por mais que se tentasse compreender o processo. Eu não me sentia bem em falar do assunto por causa dos preconceitos que a maioria das pessoas tem sobre a questão. Se por um lado eu lidava bem com a situação, procurando me adaptar, por outro evitava falar sobre o assunto com pessoas com as quais eu não tinha proximidade – vide a referência que fiz àquele amigo que estava sempre comentando com outras pessoas sobre a minha doença e que me incomodava muito. O fato ocorrido no dia em que fui fazer a biópsia, quando uma mulher curiosa perguntou sobre qual o tipo de exame que eu acabara de fazer e minha esposa respondeu que era "exame de próstata", ter me deixado bastante incomodado mesmo na minha letargia pós-anestesia, demonstrava que o preconceito estava presente na reação da mulher ao saber qual era o tipo de exame, mas também estava presente em mim que me senti muito constrangido ao ouvir a explicação da minha esposa.

Um problema costuma vir acompanhado de outros

A biópsia da próstata foi realizada no dia 11 de novembro de 2014. Em janeiro de 2015 eu tomei a primeira injeção de hormônio (Zoladex 3,6); daí seguiu-se uma injeção a cada mês até a última no dia 27 de junho do mesmo ano. Conforme vimos sobre as mudanças no tratamento a partir da revisão da tomografia computadorizada da pelve feita em 30 de janeiro. A radioterapia durou de 25 de março a 22 de maio de 2015, foram 39 sessões durante dias úteis: houve nesse período três feriados prolongados além dos finais de semana. Terminado o tratamento restava o acompanhamento sistemático com exames em datas pré-determinadas: inicialmente o teste do PSA e seis meses depois alguns exames de imagens. As ondas de calor e as sudoreses repentinas que começaram a aparecer no início do tratamento com a hormonioterapia continuaram. A queda da libido que surgiu após a segunda injeção e ficou mais acentuada por volta do quarto mês de tratamento com as injeções e o primeiro mês de radioterapia, permaneceram de forma mais branda nos primeiros dois meses depois de encerrado o tratamento.

Até o início do mês de setembro daquele ano, pouco mais de dois meses depois do término do tratamento a ejaculação não havia retornado (eu continuava desfrutando do chamado "gozo seco" durante as relações e me acostumara a ele de tal forma que essa situação não me incomodava); também continuava dependendo de estímulos físicos para me excitar sexualmente.

O estimulante sexual (citrato de sildenafila) continuava fazendo pouco efeito nessa situação: mantinha a ereção por mais tempo que o normal, mas não ajudava em nada no processo de excitação. As ereções espontâneas durante o sono não haviam retornado, o que, para mim era um péssimo sinal de que as coisas não iam bem; eu temia que essa situação perdurasse. Por essa época começou a sair uma pequena quantidade de muco transparente da uretra após as relações sexuais; fiquei eufórico com a possibilidade de a ejaculação estar de volta, mas o médico me desanimou dizendo que aquilo nada tinha a ver com a ejaculação em si cujo retorno não havia previsão, podendo, inclusive, não haver tal retorno.

Eu ainda me sentia solitário, psicologicamente fragilizado, temendo não voltar à normalidade em relação à minha libido, e mesmo temendo morrer antes de concluir alguns projetos, dentre eles encaminhar meus filhos pequenos na vida. Surgiu, então, um fator que em outras circunstâncias seria um complicador, mas que chegou como algo que me ajudaria a me adaptar à situação. A minha esposa foi diagnosticada com um estágio de doença no útero caracterizado como sendo pré-câncer; o tratamento à base de cauterização exigiu abstinência sexual por um período, conforme já foi dito; em seguida ela teve um princípio de infecção pulmonar que exigiu uma série de exames e medicação, tudo isto refletiu na questão da sexualidade dela durante o tratamento.

Essa ocorrência trouxe uma maior aproximação entre nós e facilitou a ela entender melhor as minhas dificuldades em relação à libido porque o processo que ela estava vivendo trouxe reações orgânicas semelhantes: éramos duas pessoas com problemas de saúde diferentes, mas com reações orgânicas semelhantes – reforçou-se a identidade entre nós a partir dos sintomas que nos acompanhavam e da crença comum de que se tratava de algo provisório. Logicamente os contatos físicos sem a relação sexual em si foram priorizados e isto me trazia uma sensação de alívio muito grande: afastara-se o fantasma de não conseguir satisfazer sexualmente a companheira em virtude dos efeitos do tratamento do câncer.

Contudo, não obstante esse enfrentamento a dois dos nossos problemas de saúde, nós dois começamos a apresentar sinais de início de depressão. Procuramos uma terapeuta, mas as atitudes dela não nos satisfizeram: ela propôs alternarmos sessões do casal com sessões individuais, mas, além de não cumprir os horários propostos para início das sessões, ela parecia estar vivendo uma série de problemas pessoais e ocupava o tempo das nossas sessões falando de seus problemas pessoais – logo de início ficou claro que nós é que estávamos servindo de terapia para ela se auto-afirmar e desabafar suas angústias enquanto nos atendia. Ademais, gerou em nós o temor de sermos contagiados pelo seu pessimismo e sua revolta diante da vida. Desistimos.

Minha esposa iniciou terapia com outra profissional. Eu fiquei de retomar as minhas sessões com outro profissional que escolheria depois. Desta vez Sandra gostou da abordagem da nova profissional, todavia, havia outro fato na atuação desta que desagradou e muito: a psicóloga estabeleceu que suas sessões fossem de apenas vinte minutos, tempo extremamente curto para esse tipo de tratamento. Fez dez sessões e desistiu da outra terapeuta também. Eu não voltei à terapia nessa fase, apesar de ter, em determinado momento, me sentido bastante deprimido com a sensação de abandono por parentes e amigos que eu gostaria de vê-los próximos; procurei a cura dos incômodos da alma me envolvendo com o máximo de atividades políticas, sociais e culturais possíveis, dentre elas a militância no jornalismo, a militância partidária, participação na Comissão da Verdade do Norte de Minas, atividades comunitárias, Movimento Sociais, Comitê Gestor do Leite Pela Vida, a capoeira (treinamento como aluno e condução de aulas na zona rural como monitor), participação na organização de eventos, a escrita deste livro, a conclusão de um curso de pós-graduação em Psicanálise, a escrita do livro "Capoeira: a psicoterapia corporal dos oprimidos" (lançado em maio de 2017), a retomada da escrita de pelo menos mais dois trabalhos para publicação há muito parados, início do curso de pós-graduação em Psico-oncologia (com o propósito de ajudar pacientes de câncer a enfrentar a doença e suas consequências), dentre outros.

Por essa época assumi a presidência da recém-reativada Associação Recreativa dos Militares PM e BM do Norte de Minas, que adquirira um clube campestre com área de 20 mil m², com pomar, cinco suítes, quadra de peteca, campo de futebol society, sala de estar, cozinha ampla e lago artificial, enfim, com uma infraestrutura para um excelente clube campestre. Assumi a direção da entidade por insistência de alguns colegas que a estavam reativando. Meses depois eu me arrependeria por ver que as coisas não funcionavam da forma prevista, especialmente pela ausência e inadimplência dos sócios; a falta de recursos nos deixava sem condições de fazer melhoramentos no clube. Outras atividades nas quais me envolvi também geraram alguns transtornos, especialmente, aquelas em que havia pessoas interessadas em auferir vantagens pessoais, e a todo o momento, de uma forma ou de outra, sempre aparecia alguém desse tipo. Só então me atentei para o fato de que quanto mais atividades eu me envolvesse maiores eram as possibilidades de sofrer dissabores, mas concluí que, ainda assim, manter-me ativo ainda era a melhor terapia ao meu alcance, precisava apenas selecionar melhor as atividades para me envolver no sentido de reduzi-las e melhorar a qualidade das minhas ações.

Nessa ocasião, também como parte da minha terapia pessoal, reli o livro "Prazer – Uma abordagem criativa da vida" do psiquiatra estadunidense Alexander Lowen, diga-se de passagem, de linha reichiana, que eu lera na década de 1990. O livro me ajudou a repensar minhas ações, especialmente pelo prisma dos conceitos de prazer e seus efeitos na nossa vida. Essa leitura me conduziu a uma reflexão sobre todas as atividades que eu vinha me envolvendo desde que adoecera e concluí de vez que deveria deixar algumas e investir em outras; a capoeira se destacou como a que mais prazer me proporcionava e passei a investir mais nela: era a minha principal terapia.

Creio que dois aspectos contribuíram sobremaneira para que a capoeira se tornasse a minha terapia principal: o contato com meu corpo, o aprendizado a partir da comparação do jogo de perguntas e respostas, que é a essência da capoeira, com a própria vida que também é um jogo com uma sucessão de desafios que requerem respostas diferentes a todo o momento; o segundo aspecto era o fato de dar aulas para jovens (como monitor na comunidade onde tenho um sítio) e aprender muito a cada aula que eu conduzia – cada aula de capoeira dada também é um jogo de perguntas e respostas... Reli também a "Função do Orgasmo" e "A Biopatia do Câncer", de Wilhelm Reich, livros que compõem a série "Descoberta do Orgone" do autor, ao qual já nos referimos e voltaremos tratar adiante.

A busca de tratamento alternativo para a recuperação da libido

Cerca de dois meses depois de encerradas as sessões de radioterapia, numa discussão que tive com uma amiga, estudante de Psicologia, debatemos as ideias do médico e cientista austríaco, Wilhelm Reich, sua trajetória e seus inventos – de cuja linha fora seguidor o autor do livro "Prazer – uma abordagem criativa da vida", citado no item anterior. Ela me falou que o estava estudando e que adotara o uso da Manta de Orgônio juntamente com outras pessoas do seu curso. Ela usava a manta em busca de alívio para dores na coluna. Propôs me presentear com uma manta que ela mesma confeccionara; não falou diretamente no assunto, mas, como ela sabia do meu problema de saúde, ficou claro que estava me apresentando alternativas para o meu tratamento; aceitei o presente com satisfação porque havia nele a franca intenção de me ajudar na busca da cura e disse-lhe que usaria e o fiz; lembro-me que cometi a ingenuidade de levar tal manta a uma aula de capoeira, na condição de aluno, para falar da crença que se tinha no uso dela como terapia alternativa e me decepcionei profundamente quando não só os alunos, mas também o professor, me deixaram falando sozinho, demonstrando não ter o menor interesse pelo assunto; houve até quem fizesse muxoxo, uma expressão de ironia em relação à apresentação.

Eu havia lido Reich pela primeira vez na década de 1980, "A Revolução Sexual", depois "A função do orgasmo", "A Biopatia do Câncer", "Escuta Zé ninguém", "Análise do caráter" e vários outros livros ao longo dos anos que se seguiram; li praticamente todas as suas obras publicadas do autor em português e espanhol. As suas abordagens e experimentos me encantavam. Em 2009 fiz um Trabalho de Conclusão de Curso (TCC) de uma pós-graduação sobre o conceito de opressão contido em uma de suas obras: "Psicologia de Massas do Fascismo".

A ideia de isolamento da energia do orgasmo que, segundo Reich, fora possível através dos seus experimentos pode parecer, à primeira vista, algo fantasioso, contudo, se se levar em conta que a teoria é de autoria de um estudioso que, não obstante ter sido tratado como louco nos Estados Unidos, tinha posições extremamente lúcidas e coerentes, mereceram crédito da minha parte. Vale lembrar que, neste caso, não se trata apenas da energia responsável por um momento de prazer, pela descarga energética no final do ato sexual, mas da principal energia que direciona o processo vital em todos os seres, que ele denominou de Orgônio, ou Orgone – seria a energia responsável por todas as formas de prazer no indivíduo: o ato de se alimentar, exercitar, trabalhar, acariciar, realizar-se pessoal ou profissionalmente, etc. Para Reich o corpo, a mente e o Universo estão em conexão por uma energia física, o Orgônio, ou Orgone, e a nossa "bioenergia" está ligada por uma relação sensível ao meio ambiente e às relações sociais que constituem a estrutura que molda os indivíduos. No texto "A Biopatia do Câncer" Reich mais uma vez retoma a questão do emprego da energia orgônica, tratada por ele anteriormente em "A Função do Orgasmo", e propõe a associação desta à psicanálise como procedimento para tratamento do câncer que, conforme define, é uma doença sistêmica causada pela frustração sexual natural. O tumor, per si, na visão do autor, é pura e simplesmente a manifestação da doença em seu estagio tardio. A manifestação física do Orgone seria, coincidentemente, de coloração azul; Reich teria criado um microscópio que permitiria enxergar nas células do corpo humano os lampejos azuis da radiação orgonal.

Reich era médico neurologista, foi discípulo de Freud de quem se tornou dissidente ao defender teorias psicanalíticas que perpassavam os efeitos da história pessoal do indivíduo para concentrar na interferência das ações sociais e políticas na formação desse individuo. Para o autor a repressão sexual como valor cultural e como prática político-social é o principal agente desencadeador de problemas de ordens psicológicas e psicossomáticas da humanidade. Em nome da moral sexual pratica-se uma série de atos que inibem a ação do Orgônio no organismo. A manta e a Caixa de Orgônio (que tem o mesmo princípio da manta), bem como outros instrumentos análogos, têm, segundo o autor, a função de possibilitar ao ser humano o contato com essa energia e a reparação de danos causados no seu corpo e na sua mente. Comunista convicto, foi expulso do Partido Comunista da Áustria e depois do Partido Comunista da Alemanha por criticar a ditadura que se implantara na então União Soviética em nome do Comunismo. Pouco tempo depois teve de fugir do Nazismo da Alemanha, durante a Segunda Guerra Mundial, e foi para os Estados Unidos; lá foi preso sob a acusação de charlatanismo em 1956 e morreu antes de ser liberado da prisão; suas teorias foram jogadas no esquecimento. Atualmente tem muitos adeptos em várias partes do mundo que tentam resgatar seu trabalho – há, obviamente, uma gama enorme de profissionais de saúde que contestam veementemente as teorias reichianas. Eu, na minha modesta visão, vejo muita coerência nas teorias de Reich.[1]

Durante o debate que tive com a minha amiga, reacendeu-me o desejo de mais de vinte anos, do qual eu já havia até me esquecido, que era de fazer uma experiência com a manta. Agora já não seria um mero experimento, mas a busca de um resultado positivo em complemento ao meu tratamento contra o câncer; e quando ela propôs me presentear com uma manta recebi a proposta com imensa satisfação. É óbvio que, por ser uma prática que normalmente gera descrença tanto da parte dos profissionais de saúde como de leigos e que, portanto, encerra preconceitos, e principalmente pelo que ocorreu quando tentei falar do assunto com os colegas da capoeira, evitei comentar com outras pessoas que estava fazendo tal uso. Além da amiga que me deu o presente, apenas minha esposa sabia que eu usava diariamente a manta por cerca de uma hora.

---

[1] No livro "Capoeira: a psicoterapia corporal dos oprimidos" faço uma abordagem da atração que a capoeira exerce nas pessoas com poucas alternativas de lazer e a sensação de bem-estar que ela provoca no praticante, sob o prisma reichiano, isto é, trato da política do corpo e da busca inconsciente de libertação daquilo que oprime o capoeirista – também são discutidas as relações de poder dentro desse processo.

A Manta de Orgônio é feita com camadas de material orgânico – o algodão cru é o material recomendado –, alternadas com uma camada de metal como esponja de aço, dentre outras, que, segundo o autor, funciona como um catalisador e armazenador de energia cósmica e que, em contato com o corpo, provoca o restabelecimento de qualquer anormalidade que nele exista ou, quando não houver o que tratar, imuniza contra disfunções. Confesso que quando decidi que usaria a manta, depois da conversa com a minha amiga, como já disse, mesmo sentindo a satisfação por retomar um desejo antigo e por estar diante de algo que se funcionasse estaria me ajudando a me curar, eu o fiz sem acreditar muito no resultado positivo; sou cético quanto às fórmulas milagrosas, contudo, o câncer provoca uma série de mudanças em nosso íntimo, como já foi dito, e eu decidi fazer o teste com a manta partindo do princípio de que havia uma base científica no experimento de Reich e que se não trouxesse benefício também não traria prejuízo para a minha saúde.

Eu sempre soube que a performance sexual depende da saúde física e mental do indivíduo. Uma boa alimentação, cuidados com a forma física e tranquilidade de espírito são a chave para uma vida saudável e, consequentemente, para um bom desempenho sexual; sempre tive esses cuidados e a eles sempre atribuí uma performance alta para a minha idade, fato que ostentava com orgulho de macho, produto da cultura ocidental. Além do uso diário da manta eu passei a usar também a velha fórmula cabocla para recuperação da libido: mel, farinha de polpa (ou pó de resina) de jatobá e canela em pó. Certamente nunca saberei até que ponto essas práticas contribuíram para a minha recuperação.

O fato é que se não houve efeitos positivos diretos no aspecto fisiológico tenho certeza de que esses efeitos ocorreram no plano psicológico, dado à confiança que depositei neles, e cerca de um mês depois de usá-las cotidianamente eu me surpreendi com o restabelecimento da libido; foi quase que de repente, um dia as ereções espontâneas durante o sono voltaram e com elas a excitação natural sem os demorados contatos físicos exigidos até poucos dias antes. Isto foi por volta de meados de setembro, quase três meses após o encerramento do tratamento com hormônio. Já não havia a necessidade de se antecipar aos fatos, isto é, de se partir para o contato físico sem ficar esperando pela vontade, que antes tornara-se um imperativo – a vontade e o desejo voltaram a ditar e promoverem as ações, ou seja, as ações já não precisavam ser iniciadas para estimularem a vontade e o desejo, tal qual no processo inverso que eu me adaptara durante o tratamento. Apenas a ejaculação não voltara totalmente ao normal: inicialmente havia a sensação de ejacular durante o ato sexual, mas apenas um muco transparente era expelido pela uretra; lembrava-me quando na pré-adolescência ela vinha sem o jato, mas mesmo assim causava uma satisfação enorme por me sentir adulto; agora ela vinha da mesma forma e me causava satisfação no mesmo nível dos tempos de pré-adolescência, por sentir-me saudável novamente. Passados alguns dias aumentou um pouco mais o fluxo ejaculatório, porém, continuou sem o jato; eu estava satisfeito com tudo.

No final de cinco meses depois de encerrado o tratamento médico, quase que de repente tal qual a volta da libido e das ereções ocorreu o processo inverso. De uma hora para outra comecei a sentir dificuldades de ereção. Fiquei preocupado porque o médico havia me dito que alguns efeitos colaterais são imediatos e outros surgem tempos depois. Lembrei-me, então, que essa nova fase coincidia com o atrito que eu tivera com as duas filhas mais novas, que relatei no item "A minha relação com as filhas do primeiro casamento". Eu havia ficado muito deprimido com a discussão e o afastamento das duas e concluí que os novos problemas sexuais poderiam ter origem psicológica em virtude da situação, até porque, associado a eles apareceram sintomas de que eu estava com baixa imunidade.

Retomei o uso de citrato de sildenafila e inicialmente fiquei frustrado por não ter percebido nenhum efeito, até que, por acaso, descobri que o medicamento que tomara visando o resultado trinta minutos depois só estava fazendo efeito cerca de quatro horas depois. Era hora de me adaptar a isto. De volta aos médicos que me acompanham a Dra. Lucianne manifestou a sua opinião de que os problemas que eu estava enfrentando em relação à questão sexual poderiam ser exclusivamente da idade: discordei dela porque tais problemas ressurgiram de repente; ela falou da possibilidade de ser um efeito colateral tardio que poderia ser passageiro ou não. Falei-lhe do desentendimento que tivera com minhas duas filhas cujo período coincidia com o surgimento dos sintomas e ela sugeriu continuar usando o medicamento para disfunção erétil e aguardarmos o resultado.

O Dr. Levindo manifestou acreditar que os sintomas surgidos provavelmente era um efeito colateral tardio e me receitou o medicamento Cialis Diário 5 mg (uso diário independente de se ter relação sexual ou não, o princípio ativo da Tadalafila permanece no organismo o tempo todo) em substituição ao Citrato de Sildenafila 50 mg, que é utilizado antes do ato sexual. Só para se comparar, se se usar o Citrato de Sildenafila 50 mg quinze vezes por mês, absorve nesse período 750 mg do princípio ativo do fármaco; com o uso do Cialis Diário 5 mg o indivíduo absorve apenas 150 mg – considerando que toda substância medicamentosa pode trazer algum efeito colateral ao organismo, o uso diário de 5 mg oferece, obviamente, menor risco e com um grau de eficiência muito maior.

A reação foi ótima com o novo medicamento, provocou até excitação em excesso (as ereções começaram a surgir de repente sem qualquer estímulo e, muitas vezes, em horário e local inadequados), não sei se apenas por ação do medicamento ou uma nova reação natural do organismo, ou as duas coisas; o fato é que a excitação excessiva me obrigou a refazer a dose, ou seja, tomá-lo em dias alternados e depois um a cada dois dias, até chegar a dois comprimidos por semana (40 mg do princípio ativo por mês), o que venho fazendo até hoje, quando estou concluindo este livro, com um resultado amplamente satisfatório.

Preparação para a possibilidade de as coisas não darem certo

Eu havia mudado com minha esposa e filhos do sítio para a cidade, havia dois anos, e estávamos morando de aluguel e há alguns meses eu procurava um imóvel para comprar. Já havia feito pesquisa na Caixa Econômica Federal para o financiamento de uma parte do valor, mas ainda não havia encontrado o imóvel ideal. Eis que surge a suspeita do câncer e eu senti a necessidade imediata de agilizar a aquisição de tal imóvel para minha família residir, pensando na possibilidade de estar realmente doente e morrer cedo em virtude disto. A ideia era comprar uma casa: estava cansado de morar em apartamento com pouco espaço e de ver meus filhos sem espaço para brincar na maioria do tempo. Depois de muito procurar consegui encontrar o imóvel que atendesse às nossas expectativas, porém, o processo burocrático para o financiamento é lento e eu consegui concretizar a compra somente depois de ter iniciado o tratamento. Senti-me bastante aliviado após efetivar a compra.

Investi na escrita deste livro, havia também certa urgência nisto, porém, após iniciar tive muita dificuldade para dar sequência ao trabalho, mesmo gostando muito do exercício da escrita; estava claro que havia um bloqueio psicológico que me impedia de retomar as atividades de escrevê-lo. Estava claro que eu evitava retomar a escrita por falar de dor e sofrimento, por reabrir feridas. Relembrar sensações dolorosas é muito difícil, tive que me esforçar muito para conseguir vencer esse bloqueio. Ocorreu-me também vender uma parte do sítio, já que havia uma área ociosa, carente de projetos para ela, mas esbarrei-me na crise financeira que começou a assolar o país desde janeiro de 2015. Surgiram muitos interessados, mas muita lamentação sobre dificuldades financeiras e as vendas não decolavam. Procurei não contar com essas vendas e nem me preocupar com o fato de elas não ocorrerem.

Coincidência ou não, passei a ter mais facilidade para retomar a escrita do livro depois do reestabelecimento da libido. Pode até ser que não tenha nada a ver, mas eu acredito que, ainda que seja do ponto de vista psicológico, esse fato teve influência na retomada do trabalho. Feito os registros do início até cerca de dois anos depois restava-me aguardar um pouco mais para os registros dos resultados do tratamento no período subsequente. A ideia era esperar até se aproximar do prazo em que se considera a cura: cinco anos, para concluir o trabalho relatando se houve a cura a definitiva. O livro está sendo concluído a um pouco menos de quatro anos das primeiras suspeitas da doença, mas os dois médicos que me acompanham são unânimes em afirmar que o meu caso já pode ser considerado um sucesso da medicina: então, baseado nessas conclusões, eu estou concluindo este trabalho acreditando que realmente eu atinja o prazo limite de cinco anos da conclusão do tratamento e seja considerado oficialmente curado.

Depois dessas primeiras providências a ansiedade de antes em relação à possibilidade de morte em virtude da doença foi desaparecendo. A vida ganhou o ritmo normal.

Outros efeitos colaterais

Depois de encerrado o tratamento e após voltar à dieta normal, começaram a aparecer sintomas de problemas intestinais semelhantes àqueles que eu tivera outrora, antes do diagnóstico do câncer. Conforme relatei, a descoberta do câncer começou efetivamente quando fui submetido a um exame de ultrassonografia do abdômen em virtude de problemas intestinais que me acometiam na época. Esses problemas haviam desaparecido com o uso de medicamento. Contudo, agora, após o tratamento oncológico, reapareciam.

Durante uma consulta com o Dr. Levindo eu lhe falei desses sintomas e ele falou da possível pré-disposição que eu tinha para esses problemas e que o tratamento radioterápico poderia ter atingido uma alça do intestino. Se assim o fosse, havia a junção da pré-disposição para o problema com um efeito colateral do tratamento. Possivelmente poderia estar se iniciando uma retite ou algo do gênero.

Dias depois consultei a Dra. Lucianne e ela confirmou o que dissera o Dr. Levindo, justificou que apesar da precisão da Radioterapia com IMRT havia a possibilidade de um ou mais pontos do intestino ter sido irradiado, o que poderia gerar consequências gastrointestinais. Fiquei um pouco decepcionado porque eu havia desenvolvido um grau de confiança na tecnologia IMRT que não me levara em nenhum momento a considerar essa hipótese. Voltei ao gastroenterologista e vieram mais exames, dentre eles uma biópsia do intestino.

O resultado dos exames pedidos pelo gastroenterologista foi a confirmação da inflamação, em estágio leve, de parte do intestino com a suspeita de que se tratava de efeitos decorrentes da radioterapia. O médico disse que, neste caso, não se pode afirmar com certeza, mas que há a possibilidade de a toxidade da radioterapia ter atingido uma alça do intestino, tal qual dissera o Dr. Levindo, e que, talvez em virtude de uma pré-disposição orgânica, resultou na inflamação conhecida como retite actínica leve. Nas retites graves há a presença de hemorragia, no meu caso havia apenas a irritação. Eu estava enfrentando mudanças no funcionamento do intestino, com várias evacuações pela manhã, sem necessariamente estar com diarreia. O médico me receitou um medicamento chamado Mesacol, com a condição de que eu tomasse uma caixa e, se me sentisse melhor, que o usasse por três meses; se não sentisse melhora deveria voltar a ele para trocar a medicação. Senti-me melhor com o medicamento e segui as orientações do médico.

Resta agora, além do acompanhamento dos resultados do tratamento do câncer visando a confirmação da cura, dentro do prazo estabelecido, como já foi dito. O tratamento dos problemas intestinais seguiu bem durante os três meses e me causou otimismo. Foi encerrado no prazo previsto, contudo, de vez em quando há manifestação de início de recaída dos sintomas; mantenho um controle sobre essa questão através da alimentação: evito, refrigerantes, carnes processadas, conservas em geral, condimentos picantes, carne vermelha em excesso, priorizo frutas, verduras, alimentos integrais, carnes brancas, sucos naturais, enfim, mantenho a alimentação ideal a qualquer pessoa que pensa em manter boa saúde. Nas raras ocasiões em que surgem os sintomas citados tomo um comprimido de um medicamento de uso comum, chamado Imosec e a situação é resolvida por um bom tempo, às vezes por meses. Ao que tudo indica confirmou-se a situação prevista pelo Dr. Levindo de que se somaram a pré-disposição com uma pequena irradiação em determinado ponto do intestino; certamente terei que manter determinados cuidados com o intestino pelo resto da vida, mas hoje eu considero isto como o menor dos males porque consigo controlá-lo sem transtornos, ou seja, convivo bem com a situação, e levo uma vida absolutamente normal em todos os sentidos.

A isenção do Imposto de Renda

O portador de câncer tem direito a isenção do Imposto de Renda. Há leis que regulam isto. De posse de cópia dos exames e do relatório do médico enviei, no dia 15 de janeiro de 2015, um requerimento ao Centro de Administração de Pessoal da Polícia Militar, setor responsável pela contabilização das vantagens e descontos nos meus proventos de Militar do Quadro da Reserva Remunerada da corporação. Esperei uma resposta durante vários dias, semanas, meses, sem sucesso. Solicitei apoio a um coronel que estava na função de subcomandante regional da PM e ele ficou de fazer uns contatos com a administração da corporação em Belo Horizonte; retornou me dizendo que o problema era congestionamento na administração; solicitei apoio do major chefe do Centro Administrativo da PM em Montes Claros e a resposta foi idêntica à do coronel. O tempo passou, já estávamos em julho, sete meses depois e não obtive nenhuma resposta. Procurei um advogado e ele me orientou que fizesse uma segunda petição e aguardasse um pouco mais para, então, entrarmos com uma ação judicial contra a administração da PM. Enviei o segundo requerimento no dia 29 de julho. Continuei esperando até que no dia 15 de setembro do mesmo ano eu recebi uma mensagem informando que seria submetido a uma perícia médica, através de vídeo conferência, 36 dias depois, isto é, no dia que completava onze meses e seis dias desde o primeiro requerimento encaminhado.

Na sala, acompanhado de três médicos militares eu fui inquirido por estes e por um casal de médicos da Junta Central de Saúde de Belo Horizonte em vídeo conferência. Foram perguntas comuns: idade, como foi detectada a doença, há quanto tempo, como estava meu estado de saúde atual, se pratico exercícios físicos, qual a modalidade e quantas vezes por semana. No final fui esclarecido que aquela perícia tinha a função apenas de avaliar se eu deveria ou não ser transferido para o quadro de reformados e que eu só seria isento do imposto de renda se fosse reformado. Saí de lá convencido de que não conseguiria a isenção: a julgar pela forma de agir dos peritos, dificilmente iriam tomar uma decisão que me fosse favorável. Eu aparentava estar bem fisicamente, e realmente o estava; é verdade que psicologicamente eu não estava tão bem assim, haja vista que os efeitos causados pelo impacto de se saber da existência da doença ainda persistiam e se revelavam no meu dia a dia: andava impaciente, ansioso e me sentia profundamente incomodado com os atritos entre meus filhos: coisa normal para a idade deles, mas que me incomodava muito. Conversei com um amigo advogado e ele me orientou que se a perícia desse um resultado negativo faríamos uma tentativa diretamente junto à Receita Federal e, havendo uma negativa do órgão, acionaríamos a justiça. Fiquei aguardando.

A lei prevê que o portador de doença grave tem direito a isenção do Imposto de Renda enquanto for considerado portador da moléstia e, no caso do câncer, como já foi dito, a medicina só considera a cura definitiva após cinco anos do tratamento. Contudo, eu tinha em mente, a julgar pela morosidade no atendimento aos meus pedidos, que a administração da PM certamente me consideraria hígido por eu aparentar estar saudável e desprezaria, para esse fim, a orientação da Organização Mundial de Saúde de só considerar curado do câncer o paciente que for observado por cinco anos e não apresentar sinais de recidiva ou de ter desenvolvido outras formas da doença. Neste caso, havendo o reconhecimento da cura, retornam os descontos do Imposto de Renda que haviam sido suspensos em folha de pagamento. Conhecendo bem o pensamento da cúpula da corporação, seria perda de tempo contra argumentar diante de uma resposta negativa à concessão da isenção. Restaria a mim seguir a orientação do advogado até a última opção que seria acionar o Poder Judiciário para fazer valer o meu direito, todavia, essa seria uma medida que poderia fazer tudo retornar à estaca zero para reiniciar o processo e poderia demorar uns cinco anos ou mais para decidir a respeito.

Até hoje eu ainda não sei se a demora de quase um ano no agendamento da Perícia Médica pela administração da PM foi em função de um comportamento residual das perseguições que sofri na corporação em virtude de ter participado, como liderança, da Greve dos Praças na década de 1990: para o leitor desacostumado à dinâmica de funcionamento nos bastidores da corporação, especialmente em relação a quem um dia questionou a postura de superiores, pode parecer exagero da minha parte, ou até paranoia, pensar assim, mas para quem conhece essa seara entende perfeitamente do que estou falando. Os vinte anos passados não seriam motivo para evitar atitudes retaliativas, considerando que muitos dos que se sentiram ofendidos na época ainda estavam em atividade na corporação enquanto minhas petições tramitavam. Depois da greve quase 100% dos meus pedidos foram negados em primeira petição; mesmo embasados legalmente sempre dependiam de contra argumentação ao indeferimento em segunda ou terceira petição, e foi assim até a minha saída para a inatividade. Não seria nenhuma surpresa para mim o recrudescimento dessas retaliações.

A data limite de declarar os Impostos de Renda do exercício de 2015 chegou e eu fui obrigado a fazer a Declaração normalmente porque não havia solução administrativa da Perícia Médica. Dias depois eu viria saber, para minha surpresa, que havia sido transferido para o quadro de reformados retroativamente a 27 de fevereiro de 2016 (um ano e doze dias após impetrar a primeira petição) com publicação no Diário Oficial do Estado e no Boletim Geral da PM. A data da transferência era retroativa à data da Perícia Médica. A partir de abril de 2016 estavam suspensos os descontos do Imposto de Renda em Folha de Pagamento.

Restava-me, agora, outra batalha para receber o dinheiro que me foi descontado indevidamente. Impetrei um terceiro requerimento à administração da PM solicitando que fosse considerada a data do protocolo do primeiro requerimento (15/01/2015) para que me fosse restituído os pagamentos do Imposto de Renda, retido em folha de pagamento, desde aquela data. Paralelo a isto fiz uma Declaração de Imposto de Renda Retificadora para provocar, deliberadamente, a minha convocação pela Receita Federal por cair na "Malha Fina" em virtude da retificação, ocasião em que deveria apresentar laudos médicos específicos para tal e outros documentos para serem juntados ao processo – os documentos apresentados para a transferência para o Quadros de Reformados da PM não foram aceitos pela Receita Federal: exigiram laudos específicos com carimbo de serviço médico público atestando ou autenticando o relatório de médico especialista

Depois disto a Receita Federal decidiu me restituir os descontos indevidos ocorridos em 2015 em duas parcelas, uma em 2017 e a outra em 2018. O requerimento à administração da PM solicitando a consideração da data do protocolo de entrada da primeira petição como data referência para a Reforma nunca teve resposta e eu não consegui rastreá-lo, desisti de continuar insistindo.

Isenção do pagamento de financiamento da casa própria

O portador de câncer tem direito, por lei, à quitação automática de dívida decorrente de financiamento da casa própria em bancos públicos. Tal como os outros casos de isenções, a burocracia é sempre a pior parte.

As seguradoras dos bancos financiadores (Caixa Econômica Federal e Banco do Brasil) costumam exigir comprovação do cliente de que a doença não foi adquirida antes da assinatura do contrato, ou que pelo menos que se o cliente já fosse portador da doença que se comprove que desconhecesse tal fato no momento em que assinou o contrato. Não havendo a comprovação de que a doença é posterior ao contrato tentam apresentar recusa em quitar o débito. No entanto, existem jurisprudências no sentido do reconhecimento legal de que o banco, ou a seguradora, só poderia invocar essa justificativa para o caso de o cliente já estar acometido pela doença no ato da assinatura do contrato se procedesse a devida perícia médica para tal comprovação antes de se efetivar a contratação.

O fato é que mesmo havendo as jurisprudências os bancos referidos continuam dificultando a quitação da dívida nos termos da lei quando o cliente apresenta o quadro de câncer. Na grande maioria desses casos o pagamento só ocorre após decisão judicial que se arrasta por anos – muitas vezes só acontece depois da morte do postulante.

Para mim será outra batalha. Eu havia decidido comprar uma casa no início de 2014, antes do diagnóstico, como já foi dito: o objetivo era comprar mediante uma entrada e financiar o restante através do programa de financiamento do governo federal. Iniciei a procura por um imóvel que se enquadrasse dentro das exigências minhas e da minha esposa, em relação ao tipo de construção, localização e preço. Quando encontrei o imóvel que atendia às nossas exigências e condições financeiras, vários meses depois, eu já estava passando pelos exames finais que concluiriam se eu estava com câncer ou não. Como também há uma tramitação do processo de financiamento, este, embora tenha sido iniciado na fase de exames conclusivos sobre a doença (exames cujos resultados também são demorados, como foi tratado neste livro), a confirmação do quadro nosológico e o início do tratamento só se deram após o contrato estar em vigência, isto é, após o contrato ter sido assinado.

Confirmada doença e após concluir o tratamento, fui até a Caixa Econômica e após expor a situação ao funcionário que me atendeu, o qual me tratou bem e me indicou a relação de documentos que eu deveria apresentar. Dei entrada na documentação e aguardei mais de oito meses até que fui procurado por um funcionário da empresa seguradora conveniada ao banco que se apresentou como o perito que investigaria o caso. Fez várias perguntas e solicitou cópias de todos os exames que eu havia afeito, comprovantes de tratamento, relatórios médicos, etc., etc. Passado mais seis meses e sem nenhuma resposta foi ao banco e solicitei no guichê informações sobre o andamento do processo. Após o protocolo do pedido de informações me recomendaram voltar na semana seguinte. Voltei e me encaminharam a uma funcionária que me garantiu que me avisaria assim que tivesse um relatório sobre o processo e que isto aconteceria em dois ou três dias.

Passados quinze dias e sem receber tal ligação, voltei ao banco e, no guichê, o funcionário que me atendeu disse que o relatório estava no sistema e que iria imprimi-lo para mim; fiquei furioso com a funcionária que havia me garantido que me ligaria em dois ou três dias; perguntei ao funcionário que me atendia naquele momento sobre onde encontrar a citada funcionária e ele me informou que ela estava de férias: fiz uma coisa que raramente faço, soltei um palavrão! Como resultado da ansiedade que eu vinha amargando há um bom tempo pelo resultado do meu pedido, perguntei ao funcionário, que tinha o relatório na tela a sua frente, se o resultado fora negativo, enquanto ele aguardava a impressão do documento que havia pedido, "Infelizmente o resultado foi negativo. Eles alegam que o senhor assinou um documento assumindo não era portador de doença incurável!". Disse-lhe apenas que quando assinei o contrato eu não tinha a confirmação da doença e que iria acionar a Justiça contra o banco; creio que o disse apenas como um desabafo porque sabia que de nada adiantava dizer aquilo ao funcionário.

Recebi o documento e fui embora. Pesquisei posteriormente sobre tal situação e foi quando descobri que existem jurisprudências sobre o assunto, como já foi citado, que a Justiça considerou que a seguradora não deveria se limitar apenas a colher uma declaração do cliente de que não é portador de doença incurável e que, ao invés disto, deveria submeter o cliente a uma perícia médica antes de liberar o contrato para assinatura. Hoje estou tomando as primeiras providências para o ajuizamento de uma ação contra o banco e a seguradora para ter o contrato considerado como quitado nos termos da lei.

O MONSTRO

E os sonhos têm pressa
Porque não sabem do amanhã.
Há uma insegurança nos olhos

Medo de não viver o suficiente
Para ver o caminho
Que os filhos vão seguir
Com seus próprios passos.
Depois da atividade de ninar o monstro
Ele hiberna silenciosamente.
Seu leito é forrado de incertezas...
É preciso aprender a conviver com ele
Com o seu silêncio
Com o medo de acordá-lo
Com o medo de ser devorado.
O perigo dele está no silêncio...
O mesmo silêncio que nos apraz
Nos momentos contemplativos
Ao lado do monstro nos traz sobressaltos.

JF

À GUISA DE CONCLUSÃO:

HÁ VIDA DEPOIS DO CÂNCER

Como já citei, o câncer é como um furacão que entra na vida de quem é acometido. Pode até não destruí-la por completo, mas faz estragos e deixa cicatrizes. Mas, como disse o Dalai Lama, "o período de maior ganho em conhecimento e experiência é o período mais difícil da vida de alguém", o câncer me trouxe ensinamentos. Hoje eu entendo o que a médica beata me disse naquele momento em que a procurei desesperado por encontrar a melhor forma de tratamento; não concordo com a assertiva dela de que Deus pôs o câncer na minha vida para eu aprender a ser uma pessoa melhor, porque se existe um Deus que usa esse tipo de pedagogia Ele se coloca, então, na contramão das definições de amor e bondade a Ele atribuídos. Mas concordo em um ponto: a doença realmente provoca mudanças no íntimo de quem a contraiu, porque nos coloca diante da perspectiva da morte e nos faz perceber o quão frágeis somos.

Eu não sei se me tornei uma pessoa melhor depois do câncer. Mas tenho certeza de que não sou o mesmo de antes dele. Fiquei mais reflexivo, mais sensível para determinadas coisas e, sobretudo, passei a valorizar mais tudo aquilo que me pode dar prazer sem ferir minha consciência, especialmente as coisas mais comuns que normalmente só nos chamam a atenção em determinados momentos. A visão das estrelas ou da lua no firmamento durante a noite, o pôr do sol, um inseto sobre uma flor, o som e o movimento das águas de um riacho, um pássaro pousado ou voando, um cão ladrando, uma criança brincando, enfim, coisas que normalmente não nos são despercebidas na maioria das vezes, passaram a ter uma importância tão grande em minha vida que sempre que ocorrem ao meu redor me chamam a atenção e me causam deleite em observá-las. Eu diria que o câncer me aguçou o lado poeta, o sentimento poético. É possível que haja quem defina isto como um sinal de idiotização, mas eu não penso assim. Também as leituras e o ato de assistir filmes de ficção, documentários, reportagens ficaram mais prazerosos.

A prática de exercícios físicos, que sempre me proporcionou prazer, depois da doença passou a me causar uma sensação de bem-estar indescritível; cada movimento do corpo me leva à percepção de que não se trata de um ato isolado, mas de um conjunto harmônico trabalhando em função do todo; e mais, hoje percebo claramente, durante os exercícios, o sincronismo entre os dois aspectos do ser: o físico e o energético, imaterial (ou espiritual, como querem alguns) – particularmente, não faço distinção entre espírito e energia. Ao vivenciar essa sensação incomensurável, indescritível e inenarrável, entendo perfeitamente o que Reich chamou de orgasmo fora do plano genital, isto é, a ação, em nosso corpo e em nossa mente, da energia que ele denominou de Orgônio ou Orgone.

É bem verdade que há mudanças que incomodam. Quando eu disse que fiquei mais sensível, isto inclui o ato de me comover com determinadas situações que antes não me comoviam tanto. Passei a entender muito bem o que me dissera um amigo, quando eu estava em tratamento, de que depois do câncer ele sempre chora diante de uma cena de filme ou novela, eu não diria novelas, porque não costumo assisti-las, mas algumas cenas de filmes me comovem muito mais do que antes da doença.

Em relação ao tratamento, é certo que existe mais de uma opção de tratamento para doenças como a minha e certamente há bons profissionais para cada uma dessas opções. Mas há também as crenças, os conflitos e os interesses de cada um. O velho ditado de que "cada um puxa a sardinha para sua brasa" é uma realidade, por isto é sempre bom ouvirmos várias opiniões antes de decidirmos por uma determinada forma de tratamento. Felizmente a medicina avançou muito tanto no aspecto científico como no humano. Os médicos já não se comportam como deuses ou super-homens (ou supermulheres) – embora alguns ainda hajam como se o fossem – e hoje discutem com o paciente abertamente (ou quase) sobre as opções de tratamento e as possibilidades de cura. Está claro que existem boas opções de tratamento em relação ao câncer de próstata, já não se fica refém da exclusividade da cirurgia, que apresenta uma série de possibilidades de efeitos colaterais. Por outro lado, embora eu esteja satisfeito, até agora (e espero continuar assim), com o tratamento com Radioterapia com IMRT, está claro que mesmo com todos os cuidados tomados e a propalada precisão do procedimento, ele também oferece alguns riscos: no meu caso surgiram como consequência os problemas intestinais; mas, qual o procedimento médico que não oferece riscos? Ademais, aprendi a manter um controle efetivo a tais problemas intestinais, cuidando especialmente da alimentação, mantendo-a o mais saudável possível e, quando necessário, fazendo uso de medicamento.

Dentre os vários aprendizados que tive com a doença, um talvez, mereça destaque: a quebra dos tabus e de alguns mitos que a envolve. O principal tabu, o toque retal, deve ser visto simplesmente como um exame clínico que, embora desconfortável, é apenas um exame. Um dos mitos que se rompe é o de que todo homem que se trata de câncer de próstata se torna impotente sexualmente: os avanços da medicina permitem tratar sem a ocorrência da disfunção erétil e quando ela ocorre, parcial ou total, existem possibilidades de reversão.

Eu ainda não sei se estou totalmente curado, porque, como disse, essa certeza a medicina só proclama após cinco anos de acompanhamento, mas uma certeza pode ser afirmada aqui: se descoberto a tempo o câncer de próstata é tratável e as consequências podem ser minimizadas e, na maioria dos casos, sanadas.

A TORMENTA

Eis que o vendaval vai passando...

Em verdade vos digo que ele já passou,
Foi embora após deixar recado
De que iria agitar em outras plagas.

Deixou cicatrizes profundas
No areal da estrada
E na vegetação por onde passou.
Pequenos espaços vazios
Que sempre existiram
Mas que não eram vistos.
Imperfeições que se camuflam
Para nos enganar
E para que vejamos apenas o belo.

E então me vejo
Tal qual o areal e a paisagem
Amarrotados pela força do vento.
Há muita coisa fora do lugar
Tanto lá como aqui
Mas ainda há vida...

Eis que uma calmaria surge
Quase tão de repente
Quanto a chegada da agitação.
Chegou como quem vem para falar de paz,
Ainda que de uma paz ilusória
Como tantas e tantas ilusões
Que povoam nosso espírito.

De repente cessa o rebuliço,
O desarranjo que parece ter se originado
De um enorme leque invisível,
Que abana e balança

Tudo que vai encontrando pela frente,
Agora se apresenta sob a forma de marasmo.

Sinto-me como quem volta da guerra,
Sobrevivente de escaramuças mil.
Lembranças de noites insones,
Do vazio que tenta dilacerar os sonhos,
Da mão estendida no vácuo,
Da solidão insistente e inexorável.
Tudo agora parece ter ficado na curva da estrada.

As quimeras de outrora
São meras fotografias amareladas pelo tempo
Penduradas numa parede recém-pintada.
Tempos difíceis e não desejados por ninguém
Nem para ninguém...

O temporal passou,
Ficaram apenas as cicatrizes.
Uma ausência ou outra ainda está presente,
Como as marcas do vendaval
No areal e nas folhagens,
E certamente continuarão assim,
Mas, já não são nada mais além disto.

A vegetação fustigada continua viva,
Assim como o areal continua existindo
Mesmo que algumas partes ficaram fora do lugar.
Se intempéries vierem... Que venham!
A certeza de que a calmaria continuará,
Ninguém pode ter.
O tempo dirá se é real
Ou se é apenas mais uma das muitas ilusões

Que insistem em cruzar nossos caminhos.

JF

O JOGO COM O CÂNCER

O câncer ensina sem saber que ensina.
Ele nos torna mais humanos

Mais sensíveis
Enquanto tenta nos matar.
É como um falso mestre
Que dita lições inventadas
Pura e simplesmente criadas
Na esteira da vaidade e da arrogância
Com o objetivo de alimentar
O próprio ego.
Esses falsos mestres
Por mais contraditório que possa parecer
Ensinam muito com suas lições vazias
Ensinam-nos a não ser como eles.
Assim é o câncer:
Ele desperta em nós o senso humanitário
Enquanto tenta nos destruir.
É um jogo que se vencermos
Tornamo-nos mais evoluídos.

JF

PÓS-TEMPORAL

uma tempestade
paisagem revirada
bonança depois

JF

João Figueiredo é natural de Montes Claros-MG, subtenente reformado da PMMG, onde, dentre outras funções, atuou como instrutor do Proerd (Programa Educacional de Combate às Drogas e à Violência), Monitor de Curso Técnico de Segurança Pública, Monitor de Técnicas de emprego do bastão-tonfa como instrumento de defesa e ataque, Monitor de Tiro Policial, Monitor de Técnicas de redação, Monitor de Direitos Humanos, Monitor de Policiamento Comunitário. Casado pela segunda vez, pai de três filhas do primeiro e de dois filhos do segundo casamento.

É historiador, sociólogo, jornalista profissional, capoeirista e professor de Yoga. Autor dos seguintes livros:

1 - "Capoeira – A psicoterapia corporal dos oprimidos" (abordagem psicanalítica, de linha reichiana, sobre a Capoeira).

2 - "A minha vida durante e depois do câncer" (relato autobiográfico do enfrentamento de um câncer).

3 - "As forças invisíveis da Capoeira" (obra sobre o envolvimento psicofísico e espiritual dos capoeiristas com a prática da

Capoeira – na primeira parte é composto de poemas e na segunda parte de ensaios, sobre o mesmo tema).

4 - "Ataque ao palácio e outros causos da caserna" (contos baseados em causos que circulam ao longo dos tempos nos quartéis da PMMG, no Norte do Estado, como se reais fossem).

5 - "Juramento (1953-2010) – Um pedaço da história do Norte de Minas"; foi redator da parte de política e organizador do livro.

6 – "Sobre Capoeira e capoeiristas em sexteto agalopado", opúsculo de 68 páginas, escrito em forma de cordel com versos decassílabos e estrofes em sextilha. Na parte final traz o roteiro do Monólogo "A morte do discípulo", também do autor.

7 – "Meninice Campesina", contos autobiográficos.

8 – "A arte do Cordelismo – Noções básicas", sobre técnicas de versificação em geral e sobre a produção de cordéis. Contém também dez textos integrais de cordéis do autor.

9 – "Zé Doido morreu!", conto publicado na forma de e-book e como livro impresso no site www.amazon.com.br.

10 – "O conservadorismo mal-educado e agressivo de Bolsonaro – O presidente abriu as compotas de um sentimento que jazia camuflado em grande parte da população brasileira". Discussão sobre o autoritarismo que se encontra arraigado no espírito dos brasileiros, desde sempre, e que foi aproveitado como capital político por Jair Bolsonaro. Ensaio publicado na forma de e-book no site www.amazon.com.br.

11 – "O Câncer de próstata – Mitos e verdades". Cordel baseado no livro "A minha vida durante e depois do câncer", publicado na forma de e-book no site www.amazon.com.br.

12 – "Crítica à elites cordelista – O cordel surgiu da luta contra a cultura elitista da aristocracia, mas criou sua própria elite". Cordel com posfácio em forma de artigo, publicado como e-book no site www.amazon.com.br .

Já publicou também vinte cordéis sobre temas diferentes, no formato tradicional, e vários poemas, artigos científicos, artigos jornalísticos, ensaios, crônicas e contos, em formato digital.

Participante de várias antologias do Salão Nacional de Poesia- Psiu Poético. É especialista na produção de informativos institucionais de entidades sindicais e comunitárias.

Atuou como repórter e articulista em jornais impressos e revistas da sua cidade natal e região. Dentre as especializações que possui, destacam-se pós-graduação em Psicanálise, Linguística, com ênfase na produção de textos, Filosofia Moderna, História Contemporânea e Psico-oncologia (especialização voltada para a preparação emocional de pacientes com câncer e seus familiares para o enfrentamento dos efeitos da doença e do seu tratamento). É capoeirista e professor de Yoga. Atualmente desenvolve o "Projeto Capoeira e Meditação", de sua autoria, combinação de Capoeira e Yoga, direcionado a crianças, jovens e adultos; desenvolve também o Projeto RIME (Relaxamento, Reflexão Induzida, Meditação e Reprogramação Mental) com internos de um Centro de Recuperação de Dependentes Químicos e com os parentes desses internos, os Codependentes.

.

REFERÊNCIAS

http://www.oxforddictionaries.com, acesso em 12/07/2015.

REICH, Wilhelm. A Função do Orgasmo. Trad. Aria da Glória Novak. São Paulo: Círculo do Livro, 1975.

__________. A Biopatia do Câncer. Trad. Maya Hantover/Anibal Mari. São Paulo: Martins Fontes, 2009.

SUPLICI, Marta. Conversando sobre sexo. São Paulo: Círculo do Livro, 1983.

www.saudedaprostata.org.br, acesso em 04/04/2015.

www.arteevolucaocarloseduardo.blogspot.com.br, acesso em 22/09/2015.

www.youtube.com/watch?v=D4ucnD0oQ8g , acesso em 15/09/2015.

www.minhateca.com.br/wilhelm+reich, acesso em 16/10/2015.